왕초보
바둑 배우기
2. 완성하기

왕초보
바둑 배우기
2.완성하기

2판 1쇄 발행 2024년 6월 5일

지은이	조창삼
마케팅	조정빈
발행인	조상현
발행처	더디퍼런스

등록번호	제2018-000177호
주소	경기도 고양시 덕양구 큰골길 33-170
문의	02-712-7927
팩스	02-6974-1237
이메일	thedibooks@naver.com
홈페이지	www.thedifference.co.kr

독자여러분의 소중한 원고를 기다리고 있습니다. 많은 투고 부탁드립니다.

ISBN 979-11-6125-481-4 13690

부분 기술을 입체적이고 실전적으로
배우는 독창적인 바둑 입문서!

왕초보
바둑 배우기
2. 완성하기

조창삼 지음

더 디퍼런스

바둑은 지금까지 많은 사람들에게 관심 받아온 지적이고 매력적인 경기입니다. 가로세로 19줄의 바둑판과 동그란 검은 돌과 흰 돌, 이런 단순함 속에는 온갖 인생의 오묘한 이치가 담겨있습니다. 현대에 접어들면서 프로기사 제도를 도입해 많은 대국을 상금화했고, 아마추어를 위한 대회를 만들어 공식화하고 있지요. 전국의 크고 작은 아마추어 대회는 300개가 넘을 정도로 바둑은 이미 대중들에게 깊숙이 자리 잡아가고 있습니다.

바둑이 좋은 것은 언제 어디서나 남녀노소가 어울릴 수 있고, 이제 막 걸음마를 뗀 하수라도 그 배운 만큼의 즐거움을 찾을 수 있다는 데 있습니다. 프로기사가 아니라도 말입니다. 실력이 높은 고수는 고수의 깊이가 있고, 실력이 낮은 하수는 그 나름의 재미가 있는 것입니다.

이번에 선보일 왕초보 바둑 배우기 총 3권은 이제 막 바둑에 관심을 가져보려는 분들에게 추천하는 책입니다. 처음 바둑을 대할 때 어디부터 어떻게 접근해야 하는 것인지, 바둑의 기본기술은 어떤 것들이 있는지, 아주 쉬운 방법으로 알기 쉽게 풀어가려고 했습니다.

1권 '입문하기'부터 2권 '완성하기'를 거치면서 하나하나 순서대로 따라하다 보면 자기도 모르는 사이에 어느 순간 바둑을 이해하기 시작하며, 어렵게만 느껴졌던 바둑이 술술 풀려갈 것입니다. 총 3권까지 읽어가는 데 거침없을 것이라고 믿습니다.

이 책은 다음과 같은 특징으로 구성했습니다.

첫째, 딱딱하고 부분적인 강좌 형식이 아닌 옆 사람과 대화하듯 서술 형식으로 풀었습니다. 처음 바둑을 접하는 분들을 위한 배려입니다.

바둑이 어렵다고 느끼게 될 때는 하나하나의 기술을 자로 잰 듯이 모든 것을 이해하고 넘어가려고 할 때 생깁니다. 영어를 배울 때 문법 하나하나 정복해서 실력이 늘었던 적 있던가요? 그보다는 옆 사람과 대화하듯이 배우는 것이 백번 나을 것입니다. 바둑도 마찬가지 아닐까요? 서로 바둑을 둔다고 생각하며 배우면 효과가 백번 오를 것이라 생각했습니다. 그런 관점에서 그동안 많은 입문서들이 그 내용의 경중에 관계없이 획일적이었던 것에 반해 이번에 출간하는 왕초보 바둑 배우기는 좀 더 쉽고 이해하기 편하게 구성했습니다.

둘째, 한 단원을 시작하면 끝날 때까지 부분 이론만이 아니라 실전적으로 이해할 수 있도록 자세하고 입체적인 해설을 했습니다. 다시 말해 바둑 한 부분을 이해하기 위해서는 적지 않은 이론이 필요합니다. 다양한 형식이 나올 수 있는 내용에서 생각을 확장시키는 독창적인 강의 형식을 빌려 내용을 쉽게 접근했습니다. 기술 하나하나를 상호 관련시켜 이해의 폭을 넓히도록 노력했습니다. 꼬리에 꼬리를 무는 식으로 말이죠.

셋째, 입문자들이 가장 편하고 재미있게 배울 수 있도록 꼭 알아야 할 내용에 대한 전체 순서와 구성에 많은 공을 들였습니다. 이 책의 가장 큰 자랑입니다. 각 파트의 마지막 부분은 그동안 알았던 내용을 점검하기 위해 익힘문제와 그 해답을 다뤘습니다. 각 단원의 복습 차원에서 문제와 해답을 실어 그동안 배워온 내용을 확인하는 시간을 가졌습니다.

이 시리즈는 총 3권입니다. 1권을 마치면 누구랑 두어도 당당할 것이며, 2권을 마치는 순간 부분 기술에 자신이 붙어 바둑의 묘미를 더욱 느낄 것이라고 확신합니다. 설령, 실력 차이가 나더라도 바둑은 치수제가 있어 동등하게 실력을 겨룰 수 있습니다. 이렇게 바둑을 알아가는 순간 실력은 급속도로 향상되어가고, 실력이 증가되는 만큼 바둑의 깊이가 더해질 것입니다.

최근 알파고가 전 세계의 주목을 받으며 혜성같이 등장해 바둑의 패러다임을 바꿔놓았지만 오천년을 이어온 바둑의 기본은 한결 같습니다. 바둑에 입문하는 여러분 모두 이 한 권의 책이 바둑의 고수로 가는 디딤돌 역할을 했으면 하는 바람 가져봅니다.

여름의 문턱에서. 조창삼

● 차례

1장

왕초보
전투의 기본

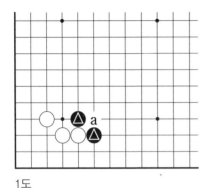

1도

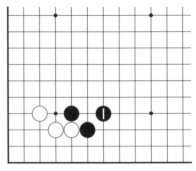

2도

● 호구 연결

바둑실력이 향상되기 위해서는 상대방 돌을 끊을 수 있어야 하고, 또한 내 돌에 끊길 수 있는 곳이 있다면 잘 연결해야 합니다. 지금 1도를 보면 흑● 두점이 끊길 위험에 있습니다. 바로 a의 자리가 흑의 단점입니다.

　지금은 호구 연결을 배우고 있는데요. 어떤 호구가 가장 활발한 연결이 될까요? 2도 흑1의 호구 연결이 가장 활발한 방법입니다. 3도 흑1의 꽉이음도 아주 좋은 방법입니다. 2도와 3도는 상황에 따라 어느 게 더 좋은지 결정됩니다.

　4도 흑1도 호구 연결이지만 방향이 틀렸습니다. 백2 때 흑3으로 물러나 받는 것이 실리 면에서 손해가 큽니다.

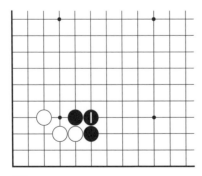

3도

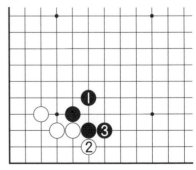

4도

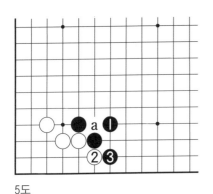

5도

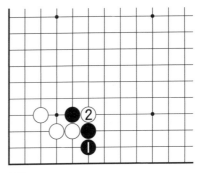

6도

●가장 활발한 연결 방법

5도 a의 단점을 보강하는 방법은 흑1의 호구 연결이 아주 활발한 연결방법
이라고 배웠습니다. 그 이유는 백2로 젖혔을 때 흑3으로 바로 받을 수 있다
는 것입니다. 앞 그림 4도의 호구는 방향이 틀렸다고 배웠죠? 한번 5도와
비교해보시면 그 이유를 바로 알 수 있습니다.

　그렇다고 실리에 욕심을 부려 6도 흑1로 빠지는 것은 백2로 끊겨 흑이
곤란합니다. 양분된 흑이 좋을 리 없겠죠? 7도 흑1은 백a의 단점을 노리고
무리하게 공격한 것이지만 백2의 끊김으로 역시 안 됩니다.

　그러므로 8도 흑1의 호구는 아주 좋은 곳이며, 연결하는 방법 가운데 가
장 활발하다고 할 수 있습니다. 흑1이면 백도 2로 받아두는 것이 좋은 수이
며 이렇게 서로 최선의 수를 찾아가는 게 바둑입니다.

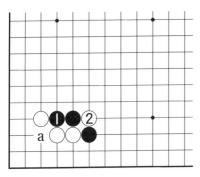

7도

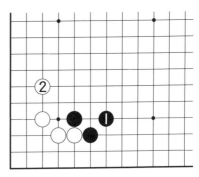

8도

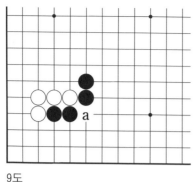

9도

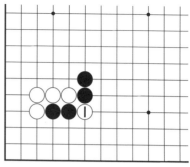

10도

●절대적인 보강이 필요하다

이번에는 조금 다른 모양으로 호구 연결을 살펴보겠습니다. 9도는 a의 단점
이 눈에 들어옵니다. 바로 흑이 끊어지는 모습이며 절대적인 보강이 필요합
니다. 10도 백1로 끊으면 흑이 양분되어 아주 곤란해집니다.

계속해서 11도 흑2로 백 한점을 공격해도 백5까지 흑▲ 두점이 잡히는
손해가 엄청납니다. 그렇다고 12도 흑2쪽에서 몰아가는 것도 흑이 좋지 않
습니다. 위쪽에 있는 흑▲ 두점이 끊어져 힘이 없어졌을 뿐 아니라 하변의
흑도 결코 좋은 모습은 아닙니다.

또한 이런 모습은 백의 뒤를 미는 모습이라 더욱 좋지 않습니다. 따라서
흑은 9도 a의 단점을 보강해야 하며, 우리가 배우고 있는 호구 연결로 지켜
두어야 합니다. 다음 그림에서 이 부분의 호구 연결을 확인하기 바랍니다.

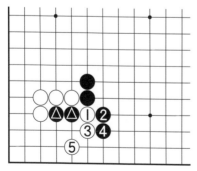

11도

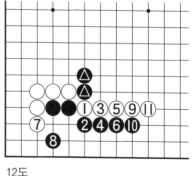

12도

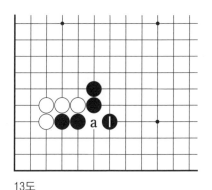

13도

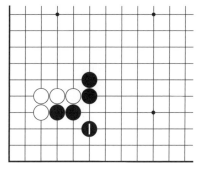

14도

●가장 좋은 모양과 효과적인 수를 선택하라

13도 흑1의 연결이 멋집니다. a의 단점을 보강하는 호구 연결입니다. 경우에 따라서는 14도 흑1의 호구 연결도 선택할 수 있습니다. 호구로 지킬 경우에는 항상 이런 두 가지를 생각해야 하는데, 상황에 따라 가장 효과적인 수를 선택하는 게 좋습니다.

약간 어려운 부분이라고 생각할 수 있지만, 실력이 늘어갈수록 좀 더 쉽게 판단할 수 있습니다. 15도 흑1의 '꽉이음'도 좋은 방법입니다. 그러나 지금은 호구 연결을 공부하고 있으니 이 방법을 익혀두기 바랍니다.

16도 좀 더 욕심을 내어 흑1로 실리를 밝히며 보강하려는 것은 당장 백2로 끊겨 흑이 곤란하게 됩니다. 어쨌든 흑은 양쪽이 끊겨서는 안 됩니다. 중앙의 흑 두점이나 귀쪽의 흑이 어려움을 겪게 됩니다.

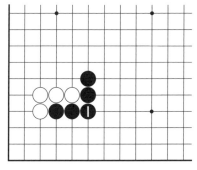

15도

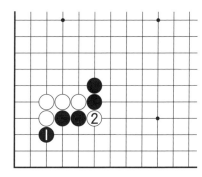

16도

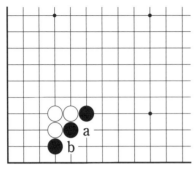

17도

18도

●일석이조의 호구 연결

끊어지는 단점을 보강하기 위해서는 바로 그곳을 이어야 하고, 잇는 방법 몇 가지 가운데 우리는 지금 호구 연결을 배우고 있습니다.

17도 흑 석점은 끊어지는 곳이 a와 b, 두 곳 있습니다. 이 두 곳을 효과적으로 잇는 방법을 찾아야 합니다.

18도 흑1의 호구 연결이 일감으로 떠오르지만 이것은 잘못된 호구입니다. 19도 백1의 공격이 남아 있어 3까지 흑 한점이 잡힙니다. 그러므로 18도 흑1은 다른 호구를 찾아봐야 합니다.

20도 흑1이 올바른 호구 연결입니다. a와 b의 단점을 모두 보강하는 일석이조의 호구 연결입니다. 이런 모양을 특히 '양호구'라고 합니다.

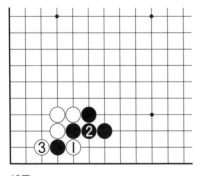

19도

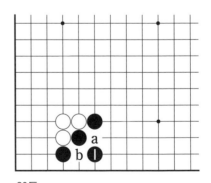

20도

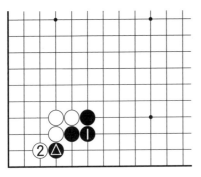

21도

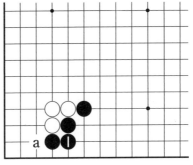

22도

●주위 환경에 따라 연결방법을 선택하라

그동안 호구 연결을 배우는 과정에서 '꽉이음'을 몇 번 언급했습니다. 21도 흑1이 바로 꽉이음입니다. 그런데 지금 이 수는 좋지 않습니다. 백2로 막게 되면 흑▲ 한점이 바로 약해지는 단점이 생깁니다.

22도 흑1의 꽉이음은 어떨까요? 이 수는 이 모양에서 귀만 생각하면 가능합니다. 조금 어려운 부분이지만, 지금은 백a가 선수로 듣지 않는다는 이유 한 가지만 알아두기 바랍니다.

23도 끊는 단점이 있지 않느냐구요? 백1로 끊어도 흑2면 바로 백 한점이 잡힙니다. 그러므로 22도 흑1의 꽉이음은 주위 환경에 따라 가능한 연결입니다. 그렇더라도 다시 한 번 24도 흑1의 호구 연결을 기억하기 바랍니다. 이 모양에서 가장 효율적인 연결이니까요.

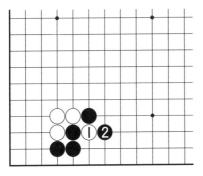

23도

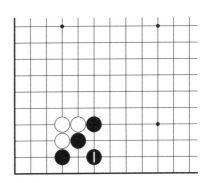

24도

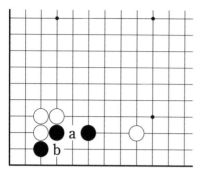

25도

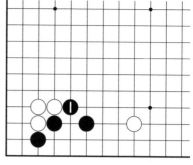

26도

●탄력적인 연결수단

지금 25도의 흑은 a와 b의 두 곳에 단점이 있습니다. 이곳을 효과적으로 보강할 수 있는 최적의 연결수단이 있는데요. 지금은 호구 연결을 배우고 있으니 그런 관점에서 최선의 방법을 선택해야 합니다.

26도 흑1의 호구가 그럴듯해 보입니다만, 이 수는 치명적인 단점을 안고 있습니다. 27도 백1의 반격이 준엄하여 흑은 대번에 모양이 무너지며, 백3으로 인해 흑 한점까지 잡히는 손해를 감수해야 합니다.

28도 흑1의 호구가 아주 좋은 지킴으로 흑이 안정된 모습입니다. 이 모양은 나중에 배우겠지만, 위 아래로 호구가 2개인 아주 탄력적인 모습입니다. 앞에서 일석이조의 양호구라 했죠? 흑 전체의 안형(집모양)에도 도움을 줄 수 있는 곳입니다.

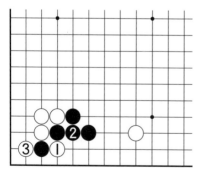

27도

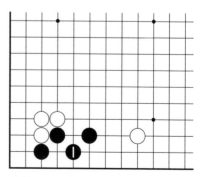

28도

▨ 흑의 단점을 호구로 연결해보세요

문제 1

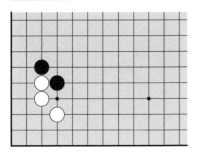

문제 2

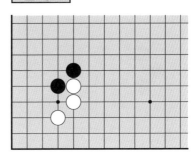

문제 3

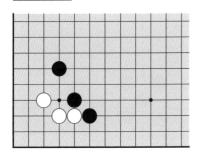

문제 4

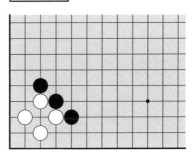

문제 5

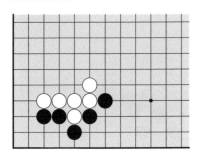

문제 6

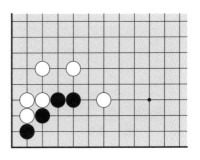

☞ Tip 호구 모양을 찾는 것이 먼저!

해답 1

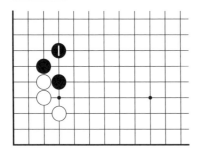

해답 2

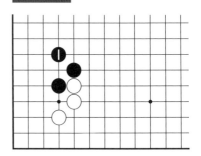

해답 3

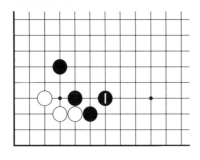

해답 4

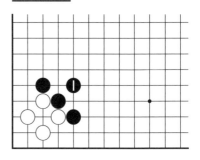

해답 5

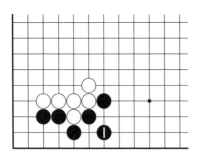

해답 6

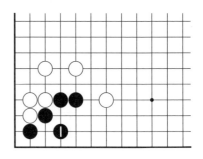

● 쌍립 연결

바둑에서 '쌍립'이란 아래 그림과 같이 흑 두점과 두점이 나란히 서 있는 모양을 말합니다. 쌍립은 절대로 끊을 수 없는 아주 튼튼한 모양입니다.

그러므로 지금 그림에서 보듯 모든 흑의 쌍립에 백△로 들여다보아도 흑은 끊어질 염려가 없습니다. 바둑을 두면서 상대방이 끊자고 들여다볼 때 잇는 방법으로는 쌍립 연결이 있다는 것을 기억해 두어야 합니다.

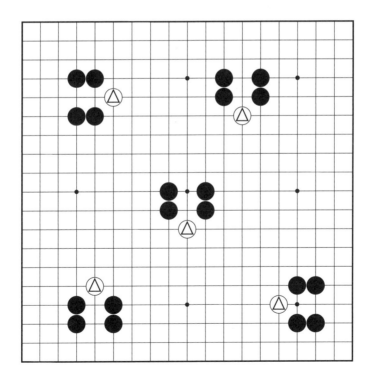

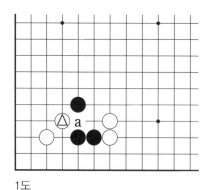

1도

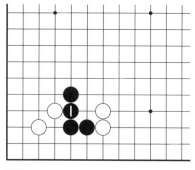

2도

●탄력적이고 좋은 모양을 찾아라

지금 1도 백△로 a의 단점을 추궁하고 있습니다. 흑의 최선의 응수를 찾아야 하는데요. 우리가 지금 배우고 있는 쌍립 연결을 떠올려보기 바랍니다.

2도 단순히 흑1로 잇는 것은 모양이 좋지 않습니다. '빈삼각'이라 하여 탄력적이지 않은 모양입니다. 향후 돌의 모양에서 언급하겠지만 바둑에서 빈삼각은 좋지 않습니다. 그러므로 탄력적이고 좋은 모양을 찾아봐야 하겠는데요. 3도 흑1은 어떤가요? 연결을 도모하면서 우측 백에게 영향을 주었다고 생각할 수 있겠지만, 지금은 백2로 꼿꼿하게 서는 모습이 좋아 흑이 좋지 않습니다.

4도 오직 흑1의 쌍립 연결이 정수입니다. 흑의 모양을 한번 본다면 아주 탄탄 탄력적이며 효율적인 자세입니다.

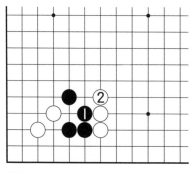

3도

4도

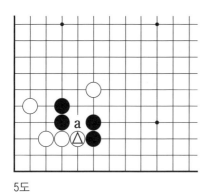

5도

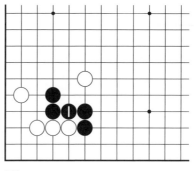

6도

●일석이조의 효과

지금도 역시 쌍립 연결에 대해 공부하고 있습니다. 5도 백△로 a의 단점을 노리고 있습니다. 여기서 흑이 손을 뺀다면 백a로 끊겨 흑이 곤란하게 되는데요. 절대적으로 흑은 이곳을 보강해야만 합니다.

6도 단순히 흑1의 이음은 연결에만 급급한 수입니다. 효과적이지도 않고 탄력적이지도 않습니다.

7도 흑1도 연결은 했지만 향후 뒷맛이 좋지 않습니다. 나중에 백은 a의 선수 활용을 할 수 있는 맛을 갖고 있습니다.

8도 오직 흑1의 쌍립 연결이 아주 좋은 수입니다. 탄탄하게 연결했을 뿐 아니라 백△ 한점을 약화시켜 일석이조의 효과를 갖고 있습니다.

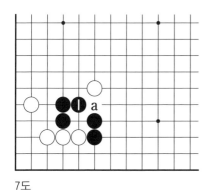

7도

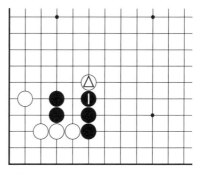

8도

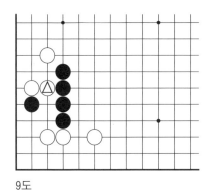

9도

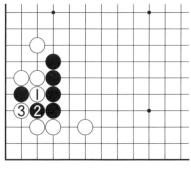

10도

●다음 노림을 갖는 효율적인 연결

같은 맥락입니다. 9도 백△로 흑의 단점을 노리고 있습니다. 흑은 가장 효율적인 방법을 찾아야 하는데요. 우리가 배우고 있는 쌍립 연결을 떠올려 보면 쉽게 행마를 찾을 수 있습니다.

만약 이 모양에서 흑이 손을 뺀다면 10도 백1부터 3까지 흑 한점이 잡히며 백의 집이 아주 짭짤하게 생깁니다. 그러므로 흑은 단점을 보강하는 게 급한데요. 11도 흑1의 단순 연결은 그저 연결에만 급급한 수입니다. 빈삼각 모양이라 탄력적이지도 않습니다.

12도 흑1의 쌍립이 아주 좋은 모양이며, 이 수는 다음에 a의 한칸 뜀으로 백의 집을 깨뜨릴 수 있는 다음 노림을 갖고 있습니다. 쌍립 연결을 다시 한 번 음미하며 전체적인 모양을 익혀두기 바랍니다.

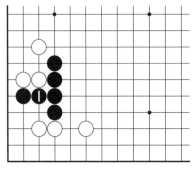

11도

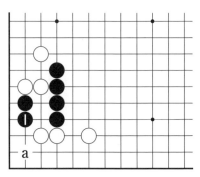

12도

익힘 문제

■ 흑의 단점을 쌍립으로 연결해보세요

문제 1

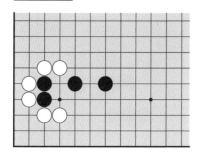

문제 2

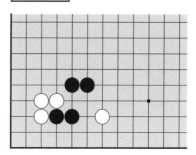

문제 3

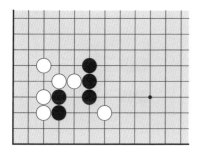

문제 4

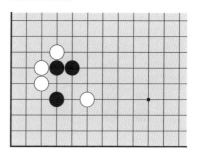

문제 5

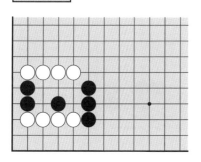

문제 6

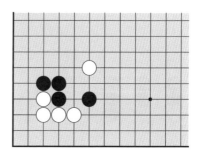

☞ **Tip** 두점으로 나란히 세우는 모양을 만드는 게 요령입니다.

해답 1

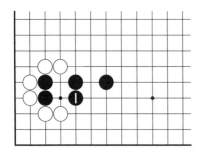

해답 2

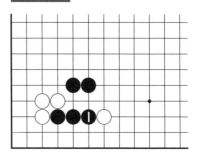

해답 3

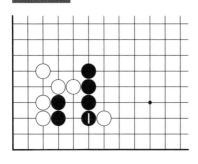

해답 4

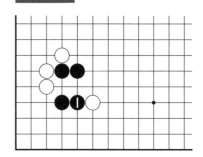

해답 5

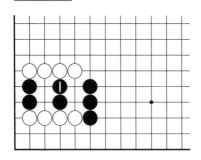

해답 6

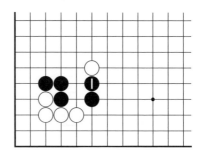

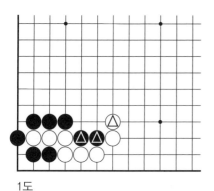

1도

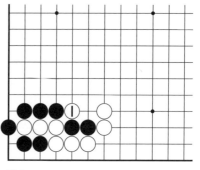

2도

●한칸 연결

이번에는 1도 흑● 두점에 대한 연결방법에 대해 알아보겠습니다. 백○로 흑 두점을 압박하고 있는 장면인데요. 흑은 이때 어떻게 이 두점을 효율적으로 보강해야만 할까요?

먼저 흑이 손을 뺀다면 2도 백1로 흑 두점이 꼼짝 없이 잡히고 맙니다. 그러므로 흑의 보강은 필수입니다.

3도 흑1의 한칸이 가장 이상적인 보강 방법입니다. 이 모양을 꼭 기억해 두어야 합니다.

4도 흑1의 꽉이음은 단순히 연결에만 급급한 수이며 효과적이지 않습니다. 3도 흑1의 한칸 뜀을 눈여겨 봐주십시오. 좌변 흑의 세력을 키우며 두점을 지키는 일석이조의 곳입니다.

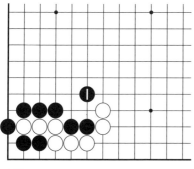

3도

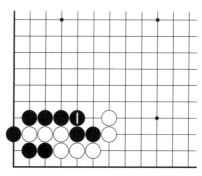

4도

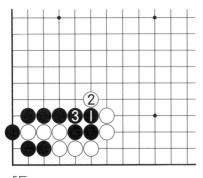

5도

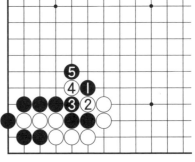

6도

● 상대가 끊어도 염려 없다

혹시 흑 두점을 보강한다고 선택하려는 수가 5도 흑1의 빈삼각 호구 연결
은 아니겠지요? 이 수로 흑 두점을 살리는 데는 성공했지만, 백2의 한방을
맞는 순간 모양이 무너지며 흑 전체가 뭉쳐 보입니다.

　그래서 6도 흑1의 한칸 연결은 더욱 돋보이는 수가 됩니다. 이 수로 흑
두점의 연결이 가능한 이유는 백2, 4로 끊어도 흑5까지 백이 잡히는 모습
이 되어 흑이 염려 없기 때문이죠. 흑1은 이런 장면에서는 연결의 절대점이
라 할 수 있습니다.

　참고로 흑 두점을 지키는 방법으로 7도 흑1의 호구 연결도 있지만, 이
수는 8도 백2의 활용을 당해 좋은 방법이 아닙니다. 백2면 흑은 a로 이어
야 합니다. [1권 입문하기]에서 배운 환격 자리이니까요.

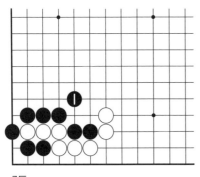

7도

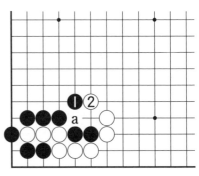

8도

●바둑판에서 한칸 뜀의 연결

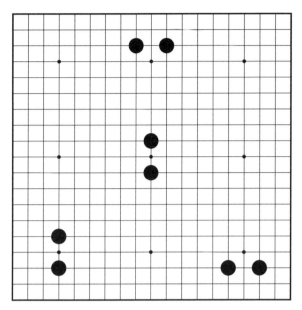

9도

9도는 바둑판에서 한칸 뜀의 연결을 보여주는 몇 가지 예입니다.

이런 모양도 돌과 돌 사이를 연결하는 방법 가운데 하나입니다. 즉, 백이 이 돌을 끊는 것은 무리라는 뜻입니다.

10도는 각각 백이 흑을 끊어보자고 한 수순들이지만 모두 백이 안 되는 모양입니다.

한 가지 10도 중앙의 한칸을 살펴보면 백5로 끊겨 모양상 연결된 모습은 아니지만, 흑이 6으로 늘면 백은 양쪽을 수습해야 하는 어려움이 있어 흑이 훨씬 유리한 전투입니다.

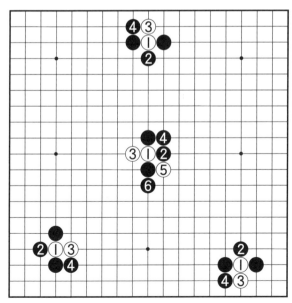

10도

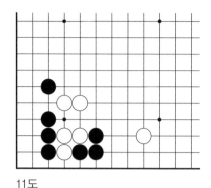

11도

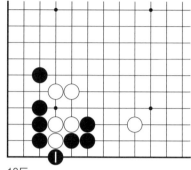

12도

●넘어가는 연결

돌과 돌이 강해지려면 연결을 잘해야 하는데요. 지금까지 몇 가지 연결하는 방법을 배웠습니다. 바둑에서는 단순히 연결하는 것만 잘해도 아주 좋은 결과를 얻는 경우가 많이 있습니다.

그중 넘어가면서 연결하는 왕초보 고급수법이 있습니다. 지금 11도 흑의 양쪽이 분리되어 있습니다. 이 두 곳을 연결하여 흑 전체를 아주 강하게 만드는 방법이 있는데요.

바로 12도 흑1로 1선에서 넘어가는 것입니다. 이렇게 넘어가면 흑 전체는 활발한 모습으로 아주 강력한 힘을 발휘하게 됩니다

13도와 14도에서 백이 흑을 끊어보자고 해도 이미 흑 자체가 1선에서의 호구 모양이 되어있어 백은 바로 잡히는 모습입니다.

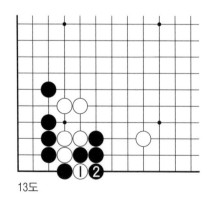

13도

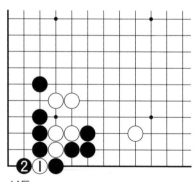

14도

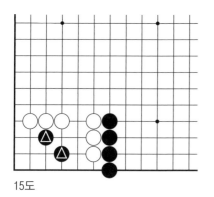

15도

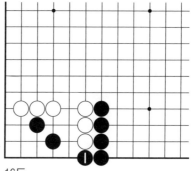

16도

●백집을 초토화시키는 연결

이번에는 모양이 약간 다른데요. 15도 언뜻 흑▲ 두점이 잡힌 것처럼 보이지만, 우군과 연결하면 오히려 귀의 백집을 초토화시킬 수 있습니다.

16도 흑1로 가만히 들어가는 수가 귀와 변의 흑 전체를 연결하는 아주 좋은 곳입니다.

가령 17도 백2로 차단하려고 해도 흑3으로 계속 밀고 들어가면 흑은 연결된 모습입니다. 또한 18도 백2로 저항해보는 것도 흑3이면 백 한점이 잡혀 역시 흑이 연결하는 데는 어려움이 없습니다. 그 이유는 흑▲ 한점이 1선에 빠져 있어 연결에 도움을 주고 있기 때문입니다.

이처럼 바둑에서는 부분적인 연결도 중요하지만, 전체적인 연결로 힘과 이득을 얻을 수 있습니다.

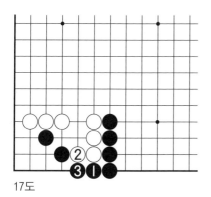

17도

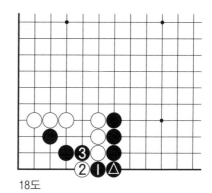

18도

■ 가장 좋은 방법으로 흑을 연결해보세요

문제 1

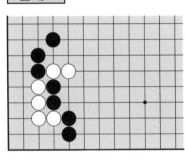

문제 2

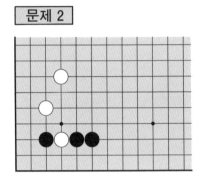

문제 3

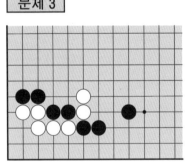

문제 4

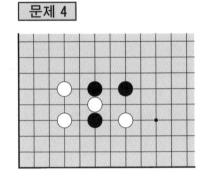

문제 5

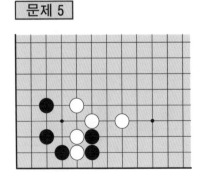

문제 6

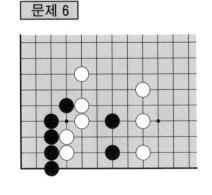

☞ **Tip** 한칸과 넘어가는 연결방법을 생각해보세요.

해답 1

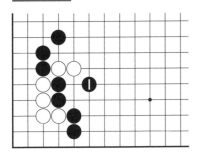

해답 2

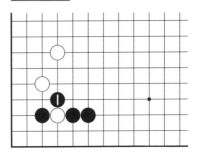

해답 3

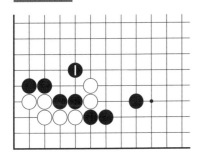

해답 4

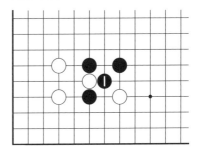

해답 5

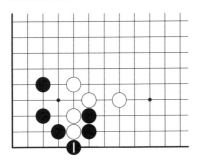

해답 6

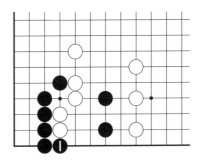

●축과 축머리

아래 그림에서 중앙의 백△ 두점을 잡으려면 어떻게 해야 할까요? 우리가 [1권 입문하기]에서 배웠던 축으로 잡는 방법을 기억해야 하는데요.

여기서 중요한 2가지 사항이 있죠. 축을 구사할 때는 지그재그로 몰면서 상대의 활로를 항상 2개로 유지해야 하는 거 하나입니다. 또 하나는 축머리를 조심해야 한다는 거죠.

축머리를 살피려면 축으로 몰고 나가는 방향에 상대 쪽의 돌을 확인해야 합니다. 지금과 같이 백△ 두점은 흑이 분명 축으로 잡을 수 있는 형태이지만, 아무 쪽이나 상관 없다는 생각으로 방향선택을 자칫 잘못하면 실패할 수 있습니다. 계속해서~

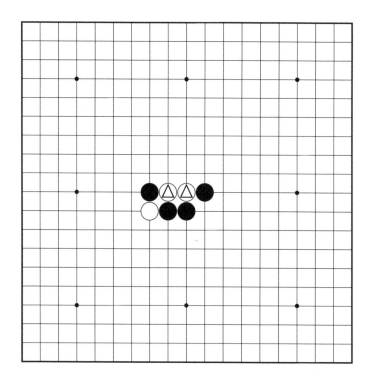

● 축으로 모는 올바른 방향

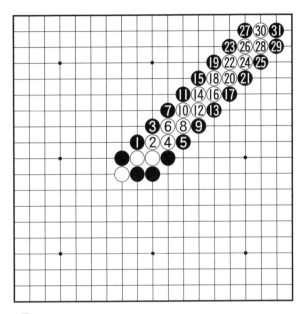

1도

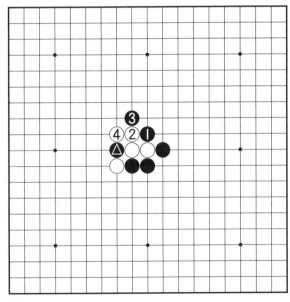

2도

1도 흑1로 몰아가는 것이 축으로 모는 올바른 방법입니다. 백이 살려 보려고 백2 이하 움직여 봐도 흑이 끝까지 몰아가면 결국 백은 마지막 가장자리에서 잡힙니다. 그러므로 축으로 몰리면 빨리 포기해야 합니다.

　그런데 여기서 자칫 **2도** 흑1쪽으로 축을 모는 것은 방향착오입니다. 흑3 다음 백4로 나가는 순간 흑❹ 한점이 단수가 되어 축은 실패로 끝납니다.

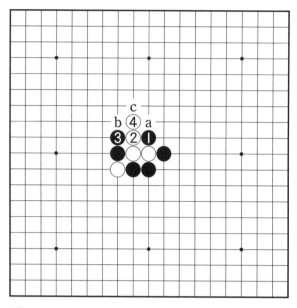

3도

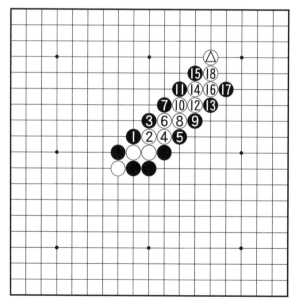

4도

그렇다고 3도 백2 다음 흑이 단수를 피해 3쪽으로 몰아가는 것도 백4로 나가는 순간 백의 활로는 a, b, c의 세 곳으로 늘어 축은 이미 물 건너 가고 맙니다. 그러므로 축으로 몰 때에는 반드시 그 방향을 살펴볼 필요가 있습니다.

참고로 4도 우상 쪽에 백△가 있을 때는 이 돌이 축머리 역할을 해 흑이 백 두점을 축으로 잡을 수 없습니다. 흑1 이하 끝까지 축으로 몰아도 결국 백18까지 되면 △ 한점과 만나 백은 연결되며 흑 전체는 축 몰이는 커녕 단점투성이로 변합니다.

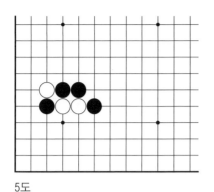

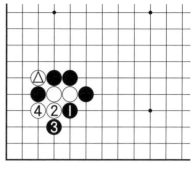

5도   6도

🔵 내가 강한 쪽으로 축을 몰아라

5도는 앞에서 연습한 비슷한 모양입니다. 백 두점을 축으로 잡아보는 연습인데요, 먼저 6도 흑1쪽으로 모는 축은 잘 안됩니다. 흑3으로 몬 다음 백4로 나가는 순간 △ 한점이 역할을 하고 있습니다. 백4로 나가면서 흑 한점이 단수가 되어 축으로 모는 데 실패하고 말았습니다. 그러므로 애초 흑1로 모는 것은 잘못된 축의 방향입니다.

7도 흑1쪽으로 모는 게 올바른 축입니다. 다음 백2 이하 나가봐도 계속해서 흑5로 몰아 백은 축으로 잡힙니다. 그러므로 축의 방향이 아주 중요합니다. 내가 강한 쪽으로 모는 것이 대개 정답입니다.

참고로 6도에서 흑3의 단수를 잘못 몰았다고 판단해 8도 흑3쪽으로 모는 것 역시 백4로 빠져 나오는 순간 활로가 3개가 되므로 축은 실패입니다.

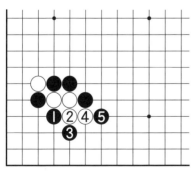

7도   8도

● 장문의 기본

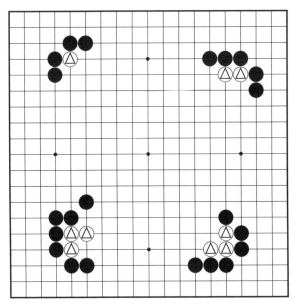

9도

[1권 입문하기]에서 배운 장문의 기본을 잠시 복습하겠습니다.

지금 9도에서 보는 백△들을 장문으로 잡아보는 연습입니다. 이것은 이미 [1권]의 장문 항목에서 학습한 것들입니다. 배운 대로 장문의 기술을 펼쳐보기 바랍니다.

10도 흑1의 정답을 모두 확인하면 대번에 기억이 떠오를 것입니다. 이것들이 장문의 기본이며, 이 그물에 걸리면 백△들은 꼼짝 못하게 됩니다.

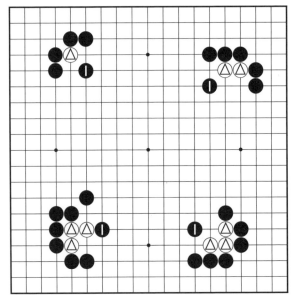

10도

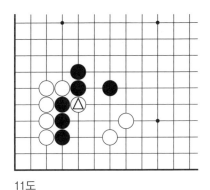

11도

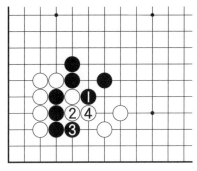

12도

●축과 장문을 구별하라 1

지금 11도는 백△로 끊어 아래 흑 석점을 공격하고 있는 장면입니다. 주위 백의 응원군을 믿고 과감한 시도를 했지만 사실은 무리한 공격입니다. 흑은 적당한 대처 방법이 있으며, 백△ 한점을 잡을 수 있는 비책이 있습니다.

그동안 배웠던 축을 떠올리는 것은 주위 백이 적당한 축머리에 있어 안 됩니다. 12도는 축으로 몰아 실패한 모습이고, 13도는 단순한 단수에 불과 합니다. 특히 13도는 끝까지 뭔가 될 듯하지만, 결국 백은 6까지 모두 연결 되는 모습입니다.

그러므로 애초 다시 한 번 살펴볼 필요가 있습니다. 14도 흑1이 눈에 들 어온다면 장문을 제대로 학습한 경우입니다. 이하 백이 발버둥 쳐봐도 흑의 그물을 벗어날 수는 없습니다.

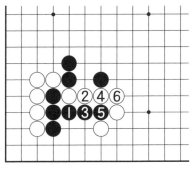

13도

14도

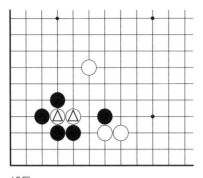

15도

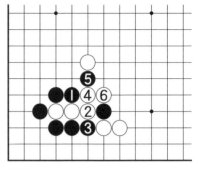

16도

●축과 장문을 구별하라 2

15도 백△ 두점을 잡는 방법이 있는데요. 만만치 않은 문제입니다. 16도 흑 1로 몰아볼까요? 축으로 잡을 수 있다고 판단하면 시도할 수 있지만, 몇 발짝 안가서 백은 6으로 유유히 탈출합니다. 수순을 잘 따라가 보길 바랍니다.

17도 흑1쪽으로 모는 것도 결국 백이 연결하는 데는 문제없습니다. 수순이 약간 길어 복잡해 보이지만 결국 백은 12까지 쉽게 탈출합니다. 이처럼 주위에 백의 응원군이 많으면 흑이 축으로 몰아 잡겠다는 발상은 잘못된 것입니다.

그러므로 다시 한 번 발상의 전환이 필요한데요. 18도 흑1의 장문이 정답입니다. 아주 간단하게 백 두점을 잡았습니다. 백은 이 그물로 꼼짝 못하게 되었습니다. a와 b로 나가지 못함을 확인하기 바랍니다.

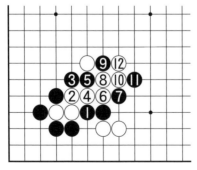

17도

18도

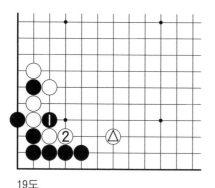

19도

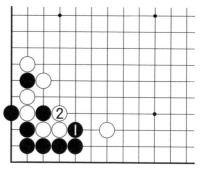

20도

● 흑의 고급스런 다른 전략

19도 흑1로 백 한점을 잡자고 하자 백이 2로 나오면서 반발한 장면입니다. 백은 △ 한점의 역할로 축이 안 된다고 생각해 반발한 것 같은데요. 실은 오산입니다. 흑은 축이 아니라도 더욱 강력한 공격방법이 있습니다.

20도와 같은 공격으로는 안 됩니다. 당장 백2로 흑 한점이 잡혀 그만이 지요. 그렇다고 21도 흑1쪽으로 모는 것도 결국 우측 백 한점이 역할을 해 6까지 탈출하게 됩니다. 그렇다고 22도 흑5쪽으로 몰아도 백은 6으로 시원하게 탈출합니다.

그러므로 왕초보의 상식으로만 생각하면 흑은 더 이상 백을 잡을 수 없을 것 같아 보입니다. 그러나 흑에게는 좀 더 고급스런 다른 전략이 숨어 있습니다. 계속해서~

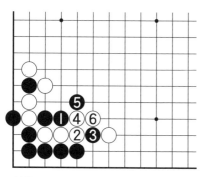

21도

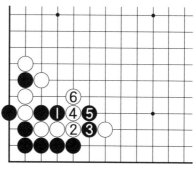

22도

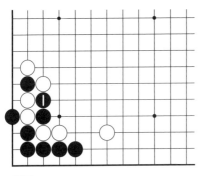

23도

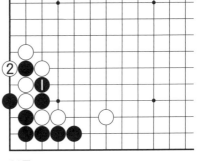

24도

●선수 활용 후 장문 1

23도 먼저 흑1로 백 두점을 단수치는 선수 활용을 합니다. 이 수가 호착이
되어 이제부터 흑은 다음수를 아주 쉽게 접근할 수 있습니다. 24도 백은 단
수를 당했으므로 2로 흑 한점을 잡을 수밖에 없고요. 여기서 흑의 다음 행
마가 아주 중요합니다.

25도 흑1의 장문이 결정타입니다. 단수와 장문이 결합된 아주 고급수법
으로 왕초보 여러분도 꼭 기억해두기 바랍니다. 조금 어려울 수 있지만 바
둑은 이렇게 기본기술을 응용한 좋은 작전을 펼칠 기회가 많습니다.

참고로 선수활용 했다는 기분으로 성급한 나머지 26도 흑1로 축으로 잡
자고 덤비는 것은 지금 안 됩니다. 백이 2로 나가면서 흑 두점이 단수가 되
어 탈출하게 됩니다. 수순을 잘 확인하기 바랍니다.

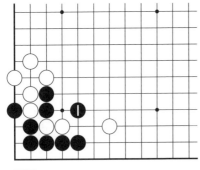

25도

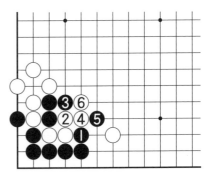

26도

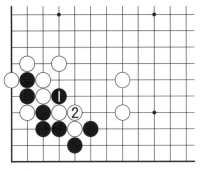

27도

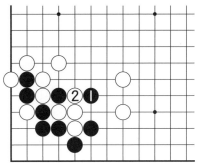

28도

●선수 활용 후 장문 2

27도 흑1로 백의 뿌리를 끊어 두점을 잡자고 하자 백이 2로 이으며 반발한 장면입니다. 백이 반발한 것은 무리이며 흑은 이 백 석점을 포획하는 방법이 있습니다. 28도 흑1의 씌움은 장문이 안 됩니다. 백2면 흑 한점이 먼저 잡히지요.

29도 흑1의 축으로 모는 것도 지금은 주위 백이 너무 튼튼해 탈출합니다. 다시 한 번 얘기하지만 주위에 상대 돌이 강할 때는 축이 잘 안 되는 경우가 많습니다. 반드시 축머리를 살펴본 후 축으로 몰아야 합니다.

지금은 30도 흑1의 단수로 먼저 선수 활용하는 게 수순입니다. 백은 2로 흑 두점을 따낼 수밖에 없고요. 이때를 기다려 흑3의 장문을 구사합니다. 이 그물로 백은 꼼짝없이 잡힌 모습입니다.

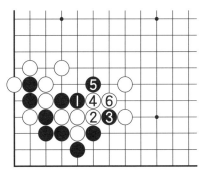

29도

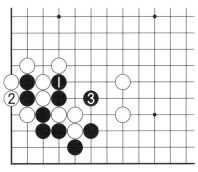

30도

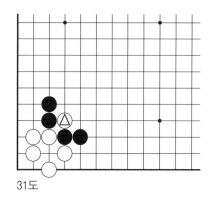

31도

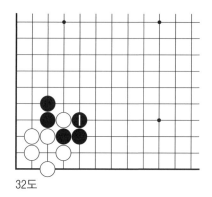

32도

🔵 축이냐, 장문이냐

31도 백△ 한점은 요석(要石)입니다. 흑을 양분하고 있어 이 한점이 살아가면 흑이 아주 피곤합니다. 그래서 흑은 반드시 잡고 싶은데요. 만일 축으로 잡는다면 32도 흑1로 오른쪽에서 모는 방법도 있고, 33도 흑1로 왼쪽에서 몰아가는 방법도 있습니다.

이렇게 축으로 잡는 방법 말고 장문으로 잡을 수도 있습니다. 34도 흑1이 장문인 것은 이제 알겠죠?

그러므로 31도 백△ 한점은 축과 장문, 어느 기술을 사용하든 잡을 수 있습니다. 그런데 지금처럼 34도 중앙 부근에 백△ 한점이 있을 때는 얘기가 틀립니다. 무조건 장문으로 잡아야 합니다. 바로 이 돌(백△)이 축머리 역할을 하고 있기 때문입니다.

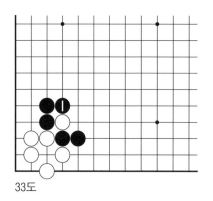

33도

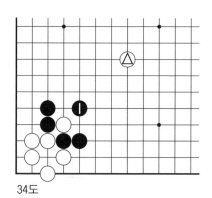

34도

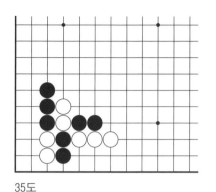

35도

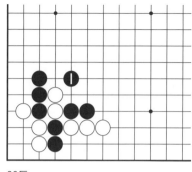

36도

●이런 경우는 반드시 축으로 잡는다

이처럼 돌을 잡는 방법 가운데는 축과 장문이 있다고 했습니다. 지금 35도
의 모양을 살펴보면 위쪽의 백 두점을 잡는 방법이 축이나 장문 모두 되는
것 같아 보입니다.

그러나 지금은 반드시 축으로 잡아야 합니다. 부분만 보면 36도 흑1의
장문으로 백이 도망가지 못하고 잡힌 것 같지만 지금은 상황이 조금 다릅니
다. 계속해서 37도 백은 아래쪽 흑을 잡을 수 있습니다. 즉 백2면 흑 두점
은 당장 단수가 되어 한 수 차이로 흑이 먼저 잡습니다.

그러므로 38도 흑은 1의 축으로 상대에게 틈을 주지 말아야 합니다. 계
속 단수로 몰아갈 수 있는 축으로 잡아야 하는 것입니다. 이 모양에서 장문
으로 잡으려다 아래쪽 흑이 먼저 잡힌다는 것, 꼭 기억하기 바랍니다.

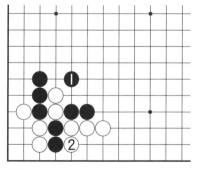

37도

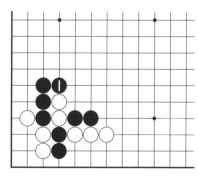

38도

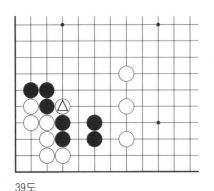

39도

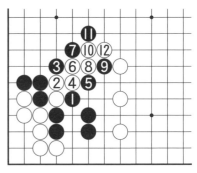

40도

● 확실한 장문

바둑실력이 강해지려면 끊음과 이음을 잘 이해하며 전투에 임해야 합니다. 왕초보일지라도 그 수준에 맞는 전투를 해야 합니다. 39도 지금 백이 △로 끊어왔을 때 일견 흑이 곤란해 보입니다. 주위 백의 응원군도 있어 자신 있게 끊어온 것이지만, 흑은 이 수에 대처할 수 있는 처방법이 있습니다.

40도 흑1의 축은 안 됩니다. 계속해서 백이 나가면 결국 12까지 흑 한점이 단수가 되며 백이 탈출하게 되어 흑이 거꾸로 곤란합니다. 그러므로 흑은 다른 방법이 필요한데요. 바로 41도 흑1의 장문입니다. 이 수로 백은 탈출방법이 없습니다.

또 42도 흑1도 백을 잡는 방법이지만, 이 수는 41도에 비해 뒷맛이 약간 나빠 여기서는 권하고 싶지 않습니다.

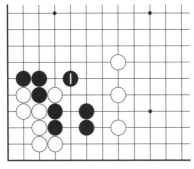

41도

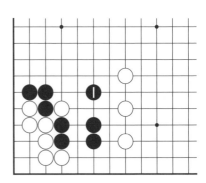

42도

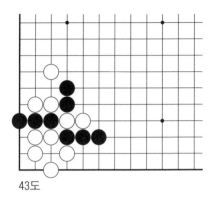

43도

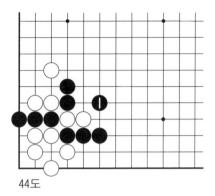

44도

●흑 석점을 구하는 방법

지금 43도를 가만히 살펴보면 왼쪽 흑 석점이 위험에 처해 있습니다. 다행인 것은 이를 끊고 있는 우측의 백 두점을 축이나 장문으로 잡을 수 있다는 것이죠. 과연 흑은 어떻게 백 두점을 잡아야 왼쪽의 흑 석점을 구할 수 있을까요?

44도 흑1의 장문은 일견 백 두점을 잡은 것 같이 보이지만, 계속해서 45도 백2면 흑 석점이 먼저 단수가 되어 잡히고 맙니다. 장문이면 백의 활로에 약간 여유가 있기 때문이죠.

그러므로 46도 여기서는 흑1의 축으로 잡아야 합니다. 당장 백 두점을 단수로 몰아 백에게 여유를 주지 말아야 합니다. 이것으로 백 두점은 잡혔고 이로 인해 왼쪽 흑 석점은 안전하게 살 수 있습니다.

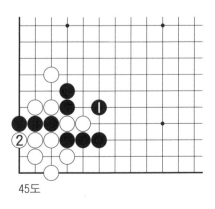

45도

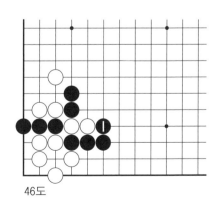

46도

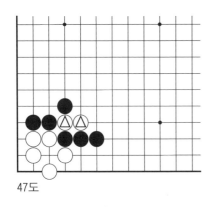

47도

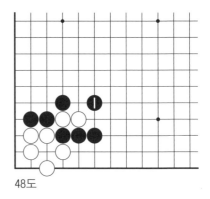

48도

●반드시 장문으로 잡을 경우

축과 장문을 사용하는 데 있어 기억해야 할 사항은, 축과 장문이 모두 가능한 경우 되도록 장문으로 잡는 게 좋습니다. 왜냐하면 축으로 잡을 경우에는 나중에 축머리를 활용당할 수 있기 때문입니다. 어쩌면 축으로 잡는 이득보다 오히려 축머리를 활용당하는 게 더 아플 수가 있습니다.

47도 백△ 두점을 잡는 방법이 축과 장문 모두 가능하지만, 지금은 48도 흑1의 장문으로 잡아야 한다는 것입니다.

49도와 50도의 흑1처럼 축으로 몰아도 백 두점을 잡은 것은 맞지만, 나중에 우상귀나 중앙 쪽에 축머리 활용을 당할 수 있어 권하고 싶지 않습니다. 지금은 무조건 48도 장문으로 잡아야 합니다.

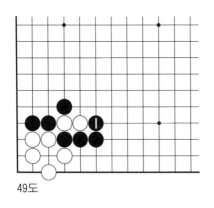

49도

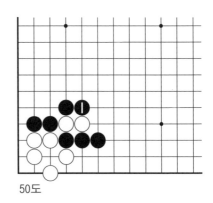

50도

▨ 가장 효율적으로 백을 잡아보세요

문제 1

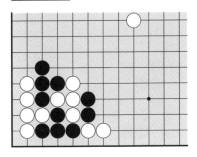

문제 2

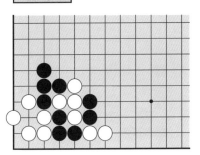

문제 3

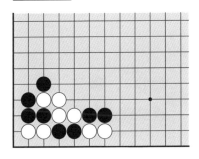

문제 4

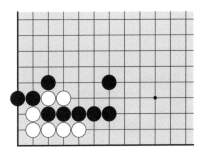

문제 5

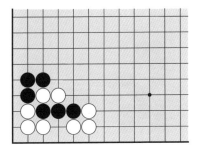

문제 6

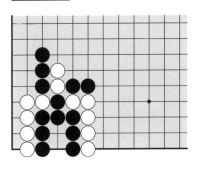

☞ Tip 장문이냐 축이냐, 경우에 맞게 선택하세요.

해답 1

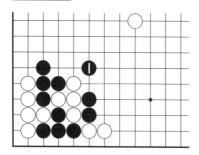

해답 2

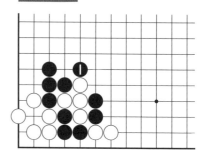

해답 3

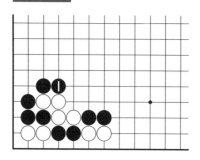

해답 4

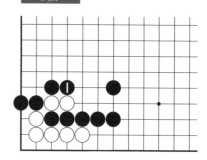

해답 5

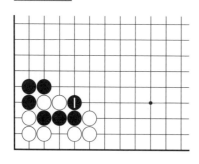

해답 6

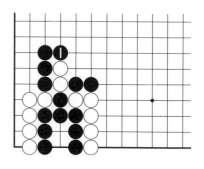

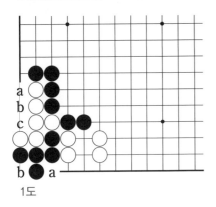

1도

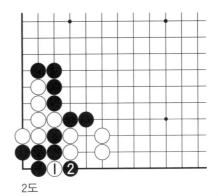

2도

● 활로 계산하기

1도 귀에 갇혀 있는 흑과 백이 수상전을 하고 있습니다. 반드시 서로의 활로를 계산해보는 것이 수상전의 가장 기본적인 요령입니다. 지금 남아있는 흑과 백의 활로는 몇 개일까요?

흑의 활로를 세보면 a와 b의 두 개인 것처럼 보이고, 백의 활로는 a, b, c의 세 개입니다. 그런데 흑의 활로를 잘못 계산하고 있습니다. 왜냐하면 2도 백1은 1선의 호구 자리이므로 직접 이곳을 메울 수 없습니다. 흑2면 백한점이 바로 잡힙니다. 그러므로 흑의 활로는 3도 a, b, c의 세 곳이 정답입니다. 다시 4도 수상전의 모양을 제시합니다. 한눈에 보고 귀의 흑은 활로가 3개, 백도 활로가 3개라는 것, 기억하기 바랍니다.

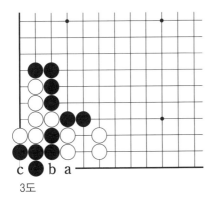

3도

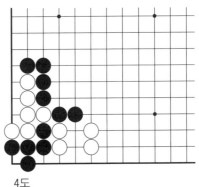

4도

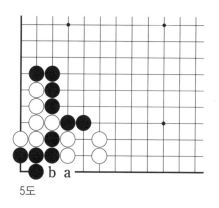

5도

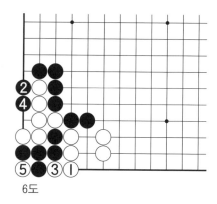

6도

🔵 활로의 개수

다시 원론으로 돌아와, 귀의 흑의 활로를 계산할 때는 5도 a부터 계산해야 하며 b부터 메울 수 없다는 것입니다. 반복하지만 이곳 흑과 백의 활로의 개수는 각각 3개씩이며, 따라서 이 경우의 수상전은 먼저 착점하는 쪽에서 이기게 됩니다.

6도 백이 먼저 선착하면 1부터 수를 메워가서 흑보다 한 수 빠르게 됩니다. 활로가 같은 수상전을 할 때는 먼저 착점한 쪽에서 승리한다는 공식! 꼭 기억하기 바랍니다. 7도는 흑이 먼저 착점할 때의 결과입니다. 흑이 백을 먼저 잡는 게 보이죠?

이곳 수상전의 핵심은 흑의 활로 계산인데요. 반드시 8도 백△로 먼저 내려서야 흑의 수를 정확히 메울 수 있다는 것을 기억해야 합니다.

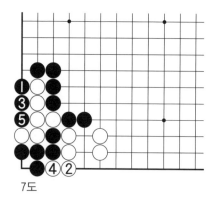

7도

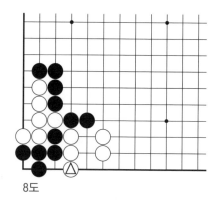

8도

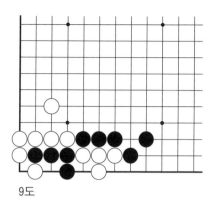

9도

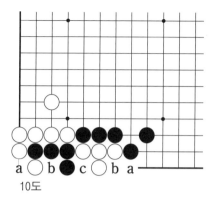

10도

● 공통 활로가 있는 수상전

수상전에서 요령은 공통된 활로의 수를 제외하고, 밖의 수부터 메우는 것입니다. 9도 흑과 백이 각각 수상전을 하고 있는데요. 서로의 활로는 몇 개일까요? 10도 a, b, c가 흑과 백의 활로로 각각 3개입니다. c는 서로 공통된 활로입니다. 이곳의 수상전은 선수를 가진 쪽에서 승리하게 됩니다.

여기서 서로 공통된 활로를 먼저 메우는 것은 아주 바보스러운 발상입니다. 11도 공통 활로인 백1부터 단수치면 오히려 자충이 되어 먼저 단수에 몰립니다. 이 순간 흑은 2로 백을 먼저 잡게 됩니다. 백이 선수를 잡고 이런 어처구니없는 수를 선택해서는 안 되겠죠?

12도 백1도 마찬가지입니다. 너무 성급하게 단수쳐 상대를 잡자고 하는 것은 화를 부릅니다.

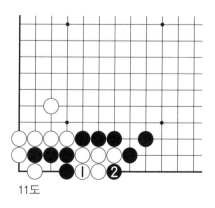

11도

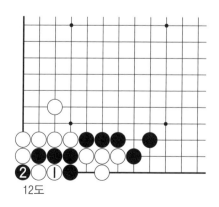

12도

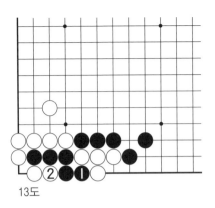

13도

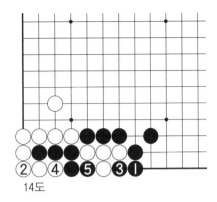

14도

● 공통 활로부터 메우면 자충수

흑도 마찬가지입니다. 13도 흑1의 단수는 공통 활로부터 메우는 자충수입니다. 자신이 먼저 단수에 몰려 백2면 흑이 오히려 잡힙니다.

14도 흑은 침착하게 1의 뒷수부터 메워 수상전을 해나가야 합니다. 그래야 5까지 흑이 수상전에서 이깁니다. 공통 활로가 있더라도 서로 같은 활로에서는 선수를 잡은 쪽에서 이기는 모습을 보여주고 있습니다.

백이 선수라면 15도 백1부터 차분하게 뒷수부터 메우는 것이 요령입니다. 역시 같은 활로에서 선수를 잡은 쪽에서 이기는 모습을 보여주고 있습니다. 백5까지 흑을 잡을 수 있습니다.

만약 16도 a의 곳이 비어있는 수상전이라면, 이번에는 흑의 활로가 4개로 늘어나므로 백 넉점은 자동으로 잡혀있는 모습입니다.

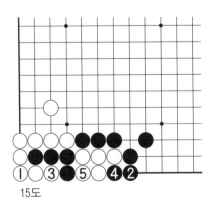

15도

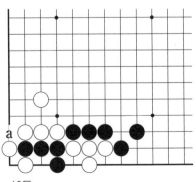

16도

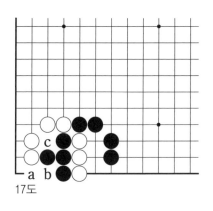

17도

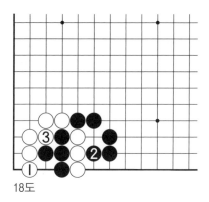

18도

● 활로의 개수를 정확히 세라

수상전에서는 활로의 개수를 정확히 확인하는 게 우선 중요합니다. 17도 흑의 활로는 일견 3개(a~c)로 보이지만 실제로 그렇지 않습니다. 가령 18도 백1부터 메워가면 흑의 활로는 3개가 맞고, 백의 활로도 같은 3개이므로, 백이 선수라면 이런 식으로 메워도 백이 수상전에서 이기겠죠.

그러나 엄밀히 말해 귀의 흑은 활로가 3개가 아니라 2개입니다. 따라서 백이 손을 빼도 괜찮다는 거죠. 만일 19도 흑1에 백2부터 줄여가면 물론 5까지 흑이 수상전에서 이깁니다. 그런데 20도 흑1 때 백이 2부터 뒷수를 메우면 바로 흑을 단수로 몰아 잡을 수 있습니다.

다시 말해 활로의 개수를 정확히 계산한 후 활로에 차이가 나면 활로가 많은 편이 손을 빼도 수상전에서 승리할 수 있습니다.

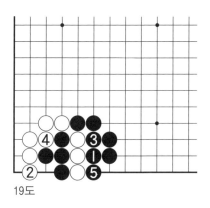

19도

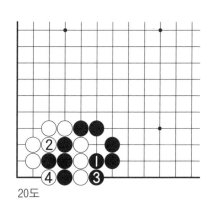

20도

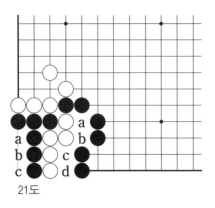

21도

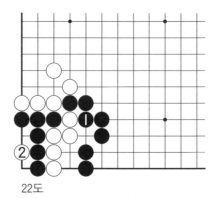

22도

● 수상전과 사활 1

귀에서 수상전이 일어나고 있습니다. 21도 흑은 활로가 a, b, c의 3개이며 백은 활로가 a, b, c, d의 4개입니다. 언뜻 보면 활로가 부족한 흑이 수상전에서 지는 것 같이 보이지만 지금은 상황이 조금 다릅니다.

22도 먼저 흑1로 백의 수를 메워도 백2로 흑이 잡힙니다. 그러므로 이 수상전은 단순히 활로만 메워서는 흑이 지겠죠. 흑은 여기서 아주 좋은 방법이 있습니다. 23도 흑1로 아예 살아버리는 방법입니다.

그러면 백은 다른 방법 없이 자동으로 잡힌 모습입니다. 그러므로 수상전에서 활로의 개수에 차이가 날 때 사활과 관련 있다면 먼저 그 부분부터 살펴보아야 합니다. 24도 백이 선수라면 1로 흑의 삶부터 저지해야 합니다. 이제는 활로에 차이가 늘어나 백이 한번 손을 빼도 흑이 잡힌 모습입니다.

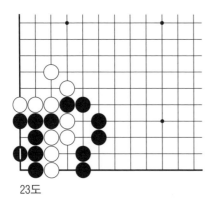

23도

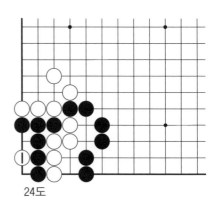

24도

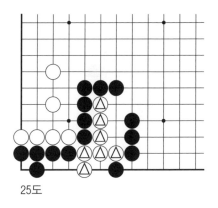

25도

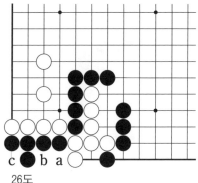

26도

● 수상전과 사활 2

수상전의 요령 가운데 하나는 가능한 집을 만드는 게 제일 좋다는 것입니다. 지금 25도에서 보는 바와 같이 백△의 수는 상당히 많아 보입니다. 자세히 활로를 찾아 세어보면 5개라는 것을 알 수 있습니다.

흑의 활로는 26도에서 보듯 a, b, c의 3개뿐입니다. 그러므로 단순한 수상전으로는 흑이 안 되는 싸움입니다. 27도 흑1로 먼저 뒷수를 메우며 수상전을 해도 백이 2로 흑의 수를 줄여가면 귀의 흑은 가볍게 잡히겠죠.

이처럼 흑이 단순한 수상전으로는 지게 됨을 확인했죠? 그러나 28도 흑1로 우선 한 집을 만든다면 완벽한 삶의 형태인 두 집(a와 b)이 마련됩니다. 두 집이면 이 흑을 잡을 수 없다는 건 이미 배웠죠? 이렇게 되면 집이 없는 백은 자동으로 잡힌 모습입니다.

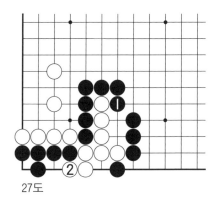

27도

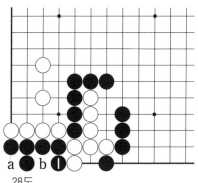

28도

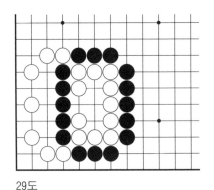

29도

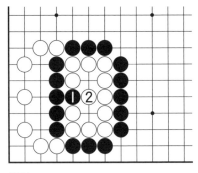

30도

●두 집이 날 수 있는 곳이 급소

수상전을 제대로 이해하기 위해서는 무조건 수수(활로의 수)만 계산해서는 안 됩니다. 제일 먼저 서로의 활로를 계산하는 것이 기본은 맞지만, 활로의 차이가 많이 날 때는 다른 방법을 찾아야 합니다.

29도 지금도 흑의 뒷수는 백의 수에 비해 훨씬 많다고 한눈에 보이죠? 정확히 흑의 활로는 6개로 백보다 많습니다. 그러나 30도 흑1로 활로를 줄여가면 백2로 막는 순간 백은 완벽한 두 집을 만들며 살아버립니다.

그러므로 31도 백이 살 수 있는 곳, 바로 흑1이 급소이며 이 백을 잡을 수 있는 최선의 수입니다.

만약 백이 선수라면 32도 백1로 두 집을 만드는 것이 급선무입니다. 이것으로 흑은 활로가 아무리 많아도 그대로 잡힌 모습입니다.

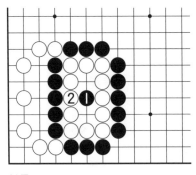

31도

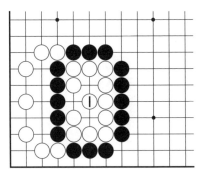

32도

■ 다음 수상전에서 백을 잡을 수 있는 급소를 찾아보세요

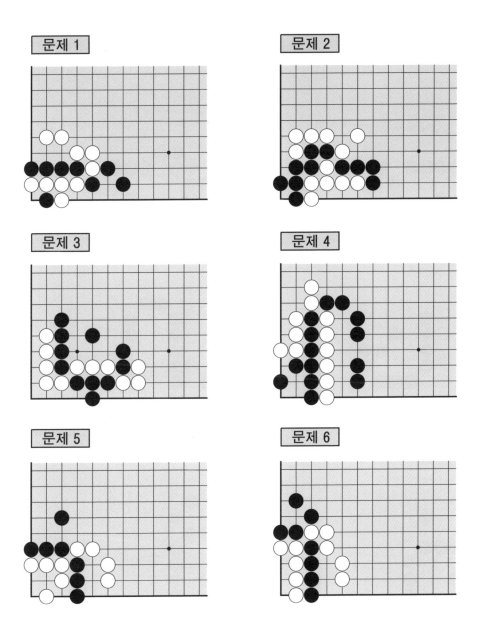

문제 1

문제 2

문제 3

문제 4

문제 5

문제 6

익힘 문제 해답

☞ Tip 여의치 않으면 두 집이 나는 곳을 주의해보세요.

해답 1

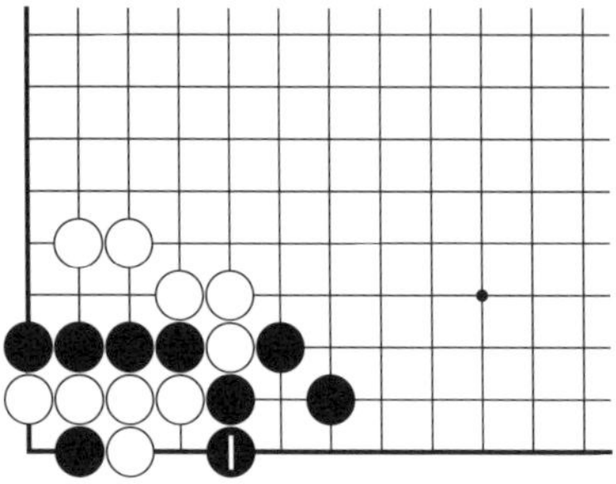

해답 2

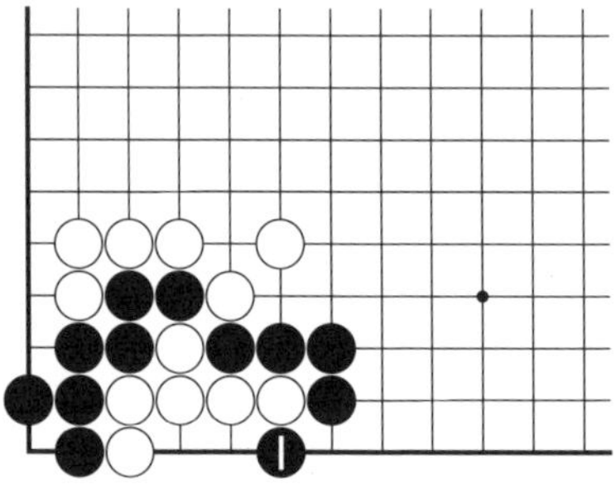

해답 3

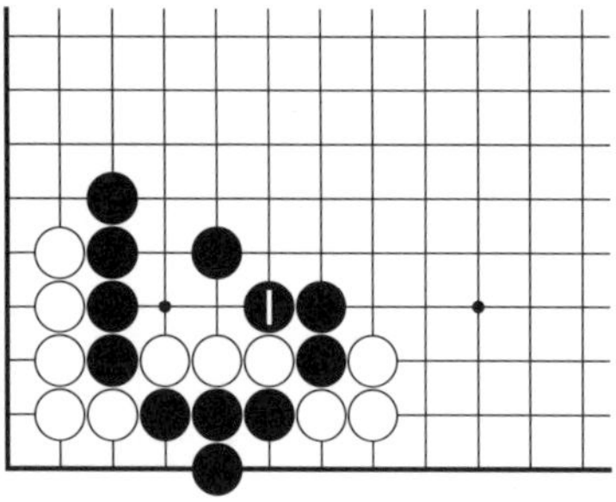

해답 4

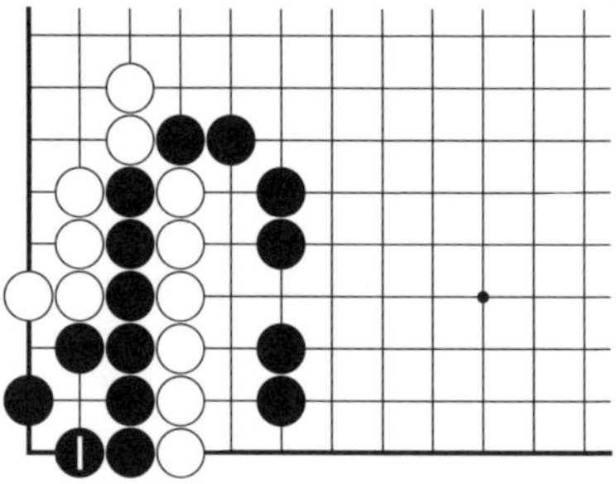

해답 5

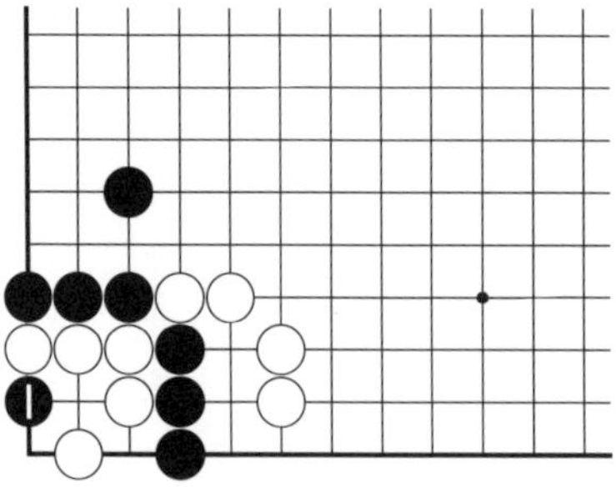

해답 6

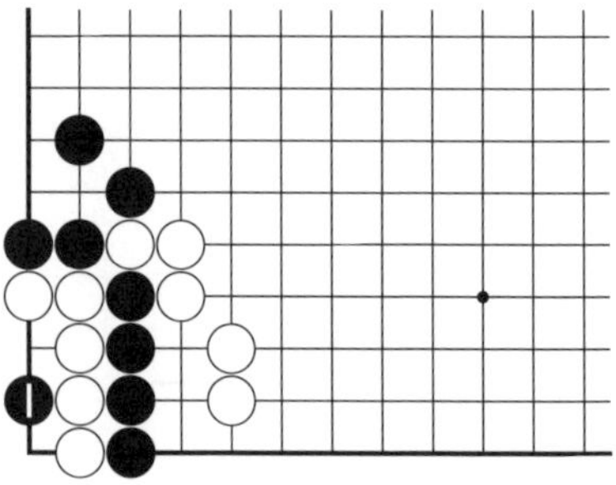

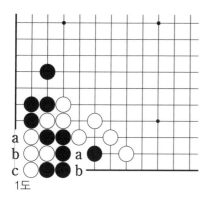

1도

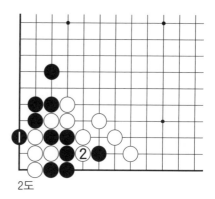

2도

🔵 활로 늘리기

수상전이라고 무조건 상대의 수를 줄여나가는 것은 정답이 아닙니다. 1도 모양에서 단순히 활로의 개수만 따져보면 흑은 a와 b의 두 곳이고 백은 a, b, c의 세 곳입니다. 그러므로 2도 당장 흑1로 백의 수를 줄여가는 것은 백2로 흑이 잡힙니다. 이렇게 해서는 흑이 수상전에서 이길 수 없습니다.

언뜻 보면 수상전에서 백이 이기는 것 같지만, 흑은 달리 수를 늘리는 방법이 있습니다. 3도 흑1이 그것입니다. 오른쪽 흑▲ 한점과 연결하며 수가 확 늘어났습니다. 이제는 활로의 개수가 a, b, c, d의 4개인 거죠.

이제 4도 백2로 수를 줄여도 이번에는 흑이 5까지 수상전에서 한 수 빠릅니다. 2도와는 달리 흑이 백을 잡을 수 있게 됩니다.

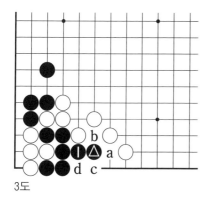

3도

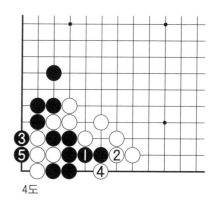

4도

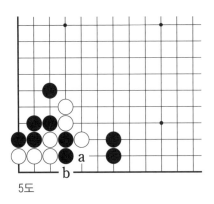

5도

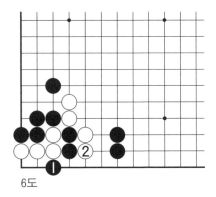

6도

🔵 연결하며 활로 늘리기

5도 흑의 활로는 a와 b의 두 곳처럼 보입니다. 왼쪽 백의 활로는 이제 세 곳이라고 한눈에 들어오겠죠? 일견 흑이 수상전에서 지는 것처럼 보입니다. 실제로 흑이 6도와 같이 너무 성급하게 수상전으로 들어간다면 안 됩니다. 백2로 흑이 먼저 잡히는 결과입니다.

여기서도 흑은 활로 늘리는 작전을 생각해봐야 하는데요. 7도 흑1이 활로를 늘리는 절호점이 됩니다. 이 모양은 흑이 활로를 늘린다기보다는 오히려 연결한다고 표현하는 게 맞을 것입니다.

어쨌든 이 흑이 연결되며 귀의 백은 자동으로 잡힌 모습입니다. 그래서 수상전을 할 때는 막무가내로 수를 줄여가는 게 아니라 다각도로 생각해보아야 합니다. 8도는 백이 흑의 연결을 차단해보려고 하는 몸부림이지만, 보다시피 흑은 자연스럽게 연결된 모습입니다.

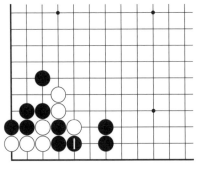

7도

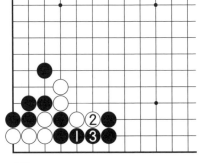

8도

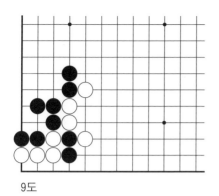

9도

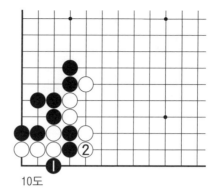

10도

🌑 수상전에서 수 늘리기

9도에서 흑이 귀의 백을 잡기 위해서는 수상전으로는 안 됩니다. 가령 10도 흑1로 당장 수를 메워가는 것은 백2로 흑이 먼저 잡힙니다.

당장 수를 메워가는 게 안 되므로 흑은 다른 방법을 찾아야 하는데요. 11도 흑1로 나가면서 수를 늘리는 게 최선입니다. 흑1이면 백은 2로 늘 수밖에 없고, 이때 흑은 계속해서 3으로 밀고나가 수를 늘려갑니다. 백4까지 느는 순간 귀의 백은 자동으로 잡혀 있는 모습입니다.

만일 11도 백4 대신 12도 백1로 압박하는 것은 어떨까요? 이것은 백이 완전 무리수로 흑2로 끊는 순간 백의 손해는 더 커집니다. 백3은 양단수 되는 곳이므로 절대 이어야 하고, 이때 흑4로 백 한점을 잡으면 흑의 이득은 더욱 커집니다.

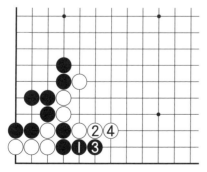

11도

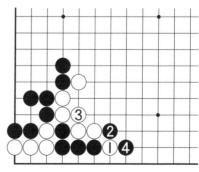

12도

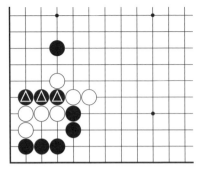

13도

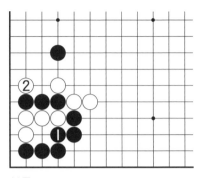

14도

🔵 탈출하기

13도 흑♠ 석점의 활로는 3개입니다. 반면 백의 활로는 4개. 단순한 수상전으로는 흑이 안 되는 싸움입니다. 한 수 차이가 나기 때문이죠. 수상전에서 수 차이는 절대적으로 중요하며, 만일 수의 계산에서 불리하면 반드시 다른 방법을 찾아봐야 합니다.

14도 흑1로 백의 수를 줄여가는 것은 백2로 흑이 먼저 잡힙니다. 수 차이가 나기 때문에 단순한 수상전은 흑이 안 됩니다. 여기서 흑은 15도 흑1로 탈출하며 위쪽 ♠와 연결해 가는 것이 최선의 응수입니다. 그러면 흑은 연결과 동시에 귀의 백을 자동으로 잡게 됩니다.

모양이 약간 나쁘지만 16도 흑1로 탈출하는 수법도 있습니다. 백2로 차단해오면 흑3의 단수부터 5까지 백 한점을 잡을 수 있어 흑은 안전합니다.

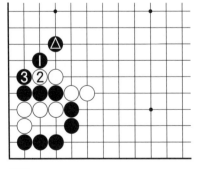

15도

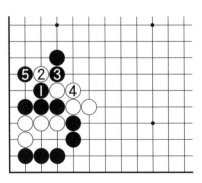

16도

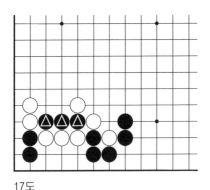

17도

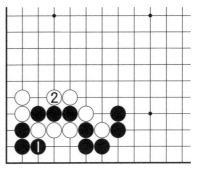

18도

🔵 상대의 단점을 공략하라

17도 흑▲ 석점의 활로는 두 곳이며, 그 아래 백 석점의 활로는 세 곳입니다. 이것 역시 수수 차이가 있어 흑이 단순한 수상전으로는 안 됩니다. 즉 18도 흑1로 수를 메우면 백2로 흑이 먼저 잡히고 맙니다.

다시 한 번 얘기하지만 수상전으로 안 될 때는 다른 방법을 생각해보아야 합니다. 지금도 마찬가지입니다. 이미 수상전으로 흑이 안 됨을 18도에서 확인했고, 그렇다면 흑은 빠르게 다른 방법을 찾는 것이 현명합니다. 그렇다고 19도 흑1로 백 한점을 잡는 것으로는 백의 단점을 정확히 추궁하지 못합니다. 백4까지 역시 흑 석점이 잡히죠.

20도 흑1로 백의 뿌리를 끊는 것이 정답입니다. 이 백▲ 한점을 잡으면 흑은 자동으로 살아가며 아래 백 석점까지 순식간에 잡을 수 있게 됩니다.

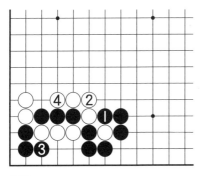

19도

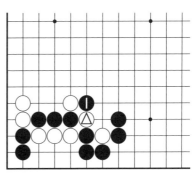

20도

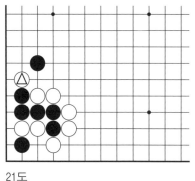

21도

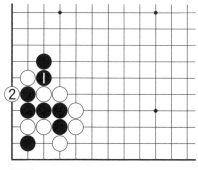

22도

상대 돌을 먼저 공략하라

21도는 백△로 흑 다섯점을 잡자고 무리하게 공격한 장면입니다. 이 순간 흑의 활로는 두 곳으로 줄어들었고, 이때 흑은 정신을 바짝 차려야 합니다. 무심코 22도와 같이 흑1로 끊는 것은 아주 치명적인 실수입니다. 그러면 백2로 흑이 한발 먼저 잡히는 꼴이 되어 이 순간 바둑을 망치게 됩니다.

여기서 흑은 상대의 돌을 먼저 공략하는 방법을 찾아보아야 합니다. 23도 흑1로 단수치며 넘는 것이 그럴듯해 보입니다. 그러나 백이 2로 연결하는 순간 흑의 활로는 늘어나지 않습니다.

그렇다면 흑의 최선의 수는 어디일까요? 24도 흑1의 단수가 바로 백의 치명적인 약점을 공략한 강타입니다. 흑1로 백 두점은 꼼짝없이 잡힌 모습입니다.

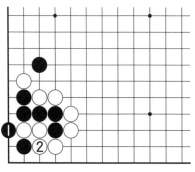

23도

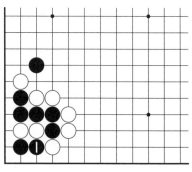

24도

■ 다음 수상전에서 흑의 최선의 수순을 찾아보세요

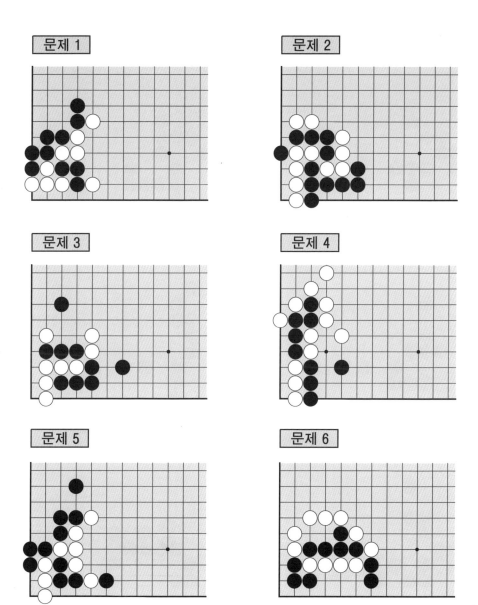

문제 1

문제 2

문제 3

문제 4

문제 5

문제 6

☞ **Tip** 수를 메우는 단순한 수상전은 안 됩니다.

해답 1

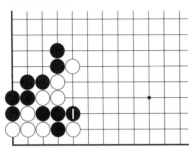

해답 2

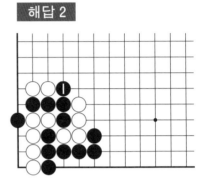

해답 3

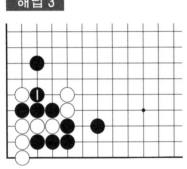

해답 4

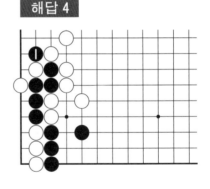

해답 5

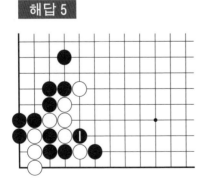

해답 6

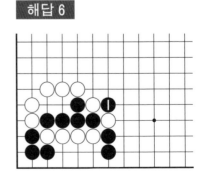

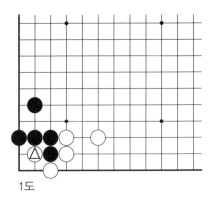

1도

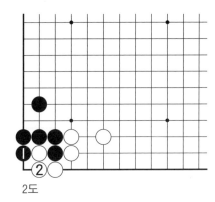

2도

🔵 한점을 희생하라!

[1권 입문하기]에서 가장 기본적인 촉촉수에 대해 학습했습니다. 촉촉수는 연속적인 단수 모양입니다. 그래서 '연단수'라고도 합니다. 촉촉수를 당한 돌은 살릴 수 없습니다. 촉촉수는 실전에서 흔히 나올 수 있는 전투의 기본 기술입니다.

1도 백△ 한점을 잡는 수법이 있는데요, 좀 고급진 수법이 요구됩니다. 이 한점을 잡을 수 있다면 실전에서도 자주 적용할 수 있는데요. 먼저 2도 단순한 흑1의 단수는 백2로 이어 싱겁네요. 좀 더 고급수를 떠올려야 하는데요. 3도 흑1의 먹여치기가 절묘합니다. 백2로 잡히지만, 이렇게 자기 돌 하나를 희생한다는 것이 중요합니다. 계속해서 4도 흑1이면 백은 a에 이을 수 없습니다. 잇는 자체로 단수 모양이 되어 흑b로 잡히기 때문이죠.

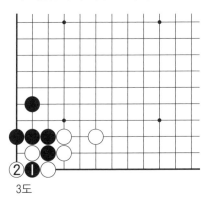

3도

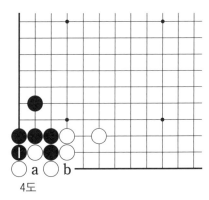

4도

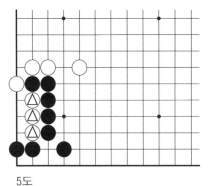

5도

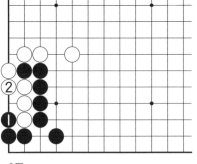

6도

● 먹여치기의 활용

먹여치기는 내 한점을 버리며 상대의 돌을 자충으로 만드는 효과를 얻는 수순입니다. 먹여치기의 수법을 잘 활용한다면 촉촉수를 능숙하게 구사할 수 있습니다. 그러므로 먹여치기와 촉촉수는 불가분의 관계로 서로 뗄 수 없는 사이입니다.

5도 백△ 석점을 잡는 데도 먹여치기 수법이 통합니다. 6도 흑1로 백을 잡으려는 것은 단순히 백의 뒷수를 하나 메운 것에 지나지 않습니다. 백은 2로 이을 수 있는 타이밍이 생겨 아무 영향이 없습니다.

7도 흑1의 먹여침이 상대를 깜짝 놀라게 만드는 호착입니다. 백2로 한점이 잡히는 것 같지만, 순간 백은 자충이 되어 있습니다. 계속해서 8도 흑1이면 백은 꼼짝없이 잡힌 모습입니다. 백a면 흑b로 잡히는 게 보이죠?

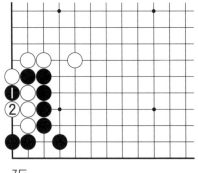

7도

8도

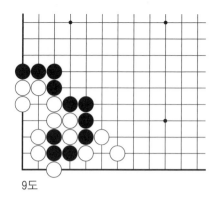

9도

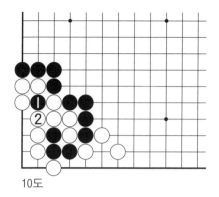

10도

함부로 먹여치지 마라

촉촉수를 구사하는 데 반드시 먹여치기가 활용되는 것은 아닙니다. 가끔 왕초보 분들이 주위 상황을 아랑곳하지 않고 멋을 부리며 무조건 먹여치고 보는 경우를 보는데요. 이것은 정말 금물입니다.

9도 지금 장면에서 자칫하면 흑이 큰 실수를 하게 됩니다. 10도 흑1의 먹여침이 한 예인데요. 이러면 아무것도 안됩니다. 백2로 따내는 순간 흑1의 한수는 큰 착각이라는 것을 깨닫게 되는데요. 이때는 이미 늦었습니다.

11도 흑1 역시 마찬가지입니다. 흑1 때 백이 a로 이을 분은 아무도 없습니다. 바로 백2로 따내면 만사 끝입니다. 오직 12도 흑1의 단수가 백 석점을 잡는 참착한 수입니다. 다음 백a로 잇는 순간 전체가 단수 모양이 되어 흑b로 잡히기 때문이죠. 이런 것도 촉촉수 범위에 들어갑니다.

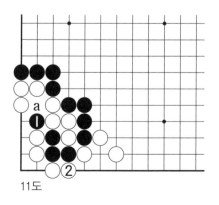

11도

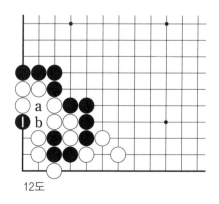

12도

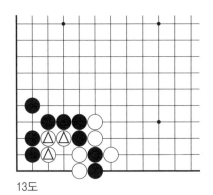

13도

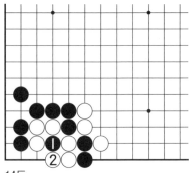

14도

● 때로는 단순한 단수가 촉촉수로 통한다

13도 백△ 석점은 흑이 선수라면 잡을 수 있는데요. 여기서도 먹여치기를 조심해야 하는 장면입니다. 14도 흑1의 먹여치기가 그럴듯해 보이지만 백2로 따내면 아무것도 아닙니다.

뭔가 될 것 같은 마음으로 무조건 이렇게 먹여치는 것은 안 된다는 거죠. 계속해서 15도 흑1로 수를 메워보지만 백은 한발 앞서 2로 흑 두점을 따내면 흑3에 백4로 이어 석점을 살릴 수 있습니다.

지금은 16도 아주 단순한 흑1의 단수가 호착입니다. 그러면 백은 a에 이을 수가 없으며, 백 석점은 자동으로 잡힌 모습입니다.

많은 장면에서 촉촉수는 먹여치기 수법이 활용되지만, 가끔은 단순한 단수가 촉촉수로 통함을 기억하고 있어야 합니다.

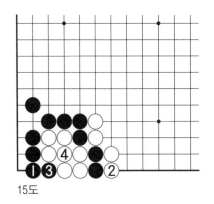

15도

16도

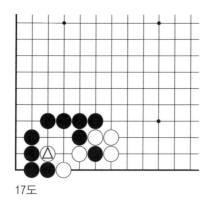

17도

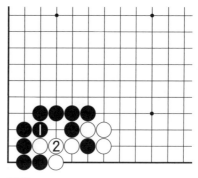

18도

매력적인 맥점인 먹여치기

17도 흑은 백△ 한점을 잡을 수 있는데요. 이때 먹여치기 수법이 활용됩니다. 먹여치기는 바둑에서 매력적인 맥점입니다. 자기 한점을 희생하며 상대의 자충을 유도해 촉촉수를 만들어 가는 과정은 정말 멋집니다.

입문 과정에서 이런 모양을 만들어 상대의 돌을 잡는다면 기분이 아주 좋을 겁니다. 18도 가볍게 흑1로 단수치면 안 된다는 것을 보여주고 있습니다. 백2로 이으면 그만이죠.

19도 흑1의 먹여침이 정말 매력적인 수법입니다. 백2의 따냄과 동시에 백은 자충이 되고, 흑3으로 백은 촉촉수에 몰려 꼼짝 못하고 잡힙니다. 또, 20도 흑1에 할 수 없이 백2로 물러나 받으면 이제는 흑3으로 가볍게 원하는 한점을 취합니다.

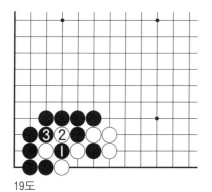

19도

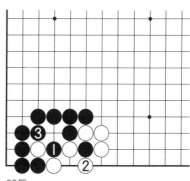

20도

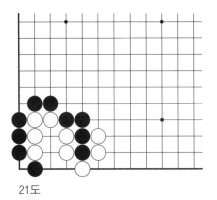

21도

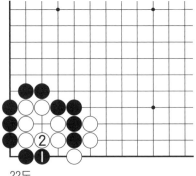

22도

● 단점을 찾아내는 힘을 길러라

돌을 공격하기 위해서는 어떤 돌을 잡을 수 있는지 살펴보아야 합니다. 그리고 구체적으로 상대의 단점을 찾아내는 힘을 길러야 합니다. 꾸준히 노력하면 물론 바둑 실력이 향상될 겁니다.

21도 지금 어떤 돌에 단점이 보이는지 확인하고 다음수를 결정해야 하는데요. 22도 흑1로 나가는 것은 잘 안됩니다. 백2로 위에 한 집을 만들면 흑은 어떻게 해볼 도리가 없습니다.

물론 23도 흑1에 백2로 잇는다면, 이제는 흑3으로 백을 잡을 수 있죠. 백이 촉촉수로 몰려 있어 a에 이을 수가 없습니다. 이 그림은 흑의 달콤한 생각이었죠? 부연하지만 22도 백이 집을 만들면 흑은 아무것도 안됩니다. 여기서 한방에 잡을 수 있는 24도 흑1의 촉촉수를 이용하는 것입니다. 백은 a의 단점 때문에 b로 이을 수가 없습니다.

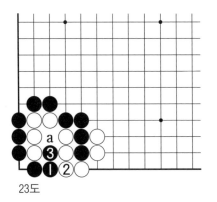

23도

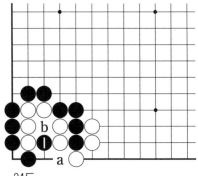

24도

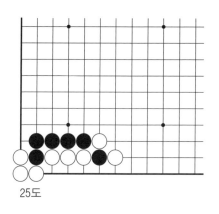

25도

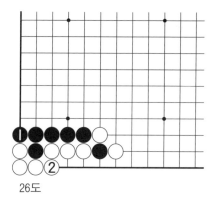

26도

● 활로를 줄여 촉촉수로 몰아간다

어떤 장면에 접했을 때 상대의 단점을 잘 살펴보아야 한다고 했습니다. 25도 지금도 역시 백은 단점을 갖고 있는 모습입니다. 어떤 약점을 갖고 있을까요? 이것을 금방 찾을 수 있다면 지금까지 배운 보람이 있습니다.

26도 흑1은 지금까지 보아온 대표적인 무기력한 수입니다. 이 수는 그냥 단수 외에는 아무 책략도 없으며, 백은 2로 단수당한 석점을 잇기만 하면 됩니다.

27도 흑1로 먹여치는 수법이 멋집니다. 백2로 따내는 순간 백은 활로가 하나 줄어들어 자충이 됩니다. 계속해서 28도 흑1로 몰아가면 백은 촉촉수를 당해 a에 이을 수가 없습니다. 만일 이으면 그 자체로 또 단수가 되어 흑b로 잡히기 때문이죠. 결국 먹여치기는 활로를 줄이는 방법이 됩니다.

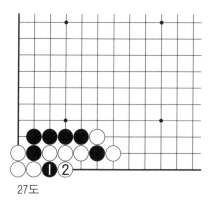

27도

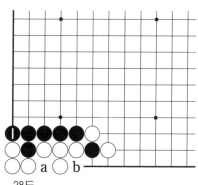

28도

▨ 촉촉수로 백을 잡아보세요

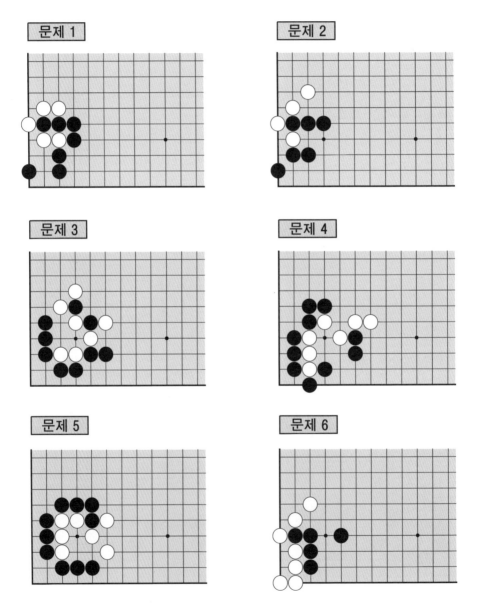

익힘 문제 해답

☞ Tip 먹여치기 수법을 생각해 보세요.

해답 1

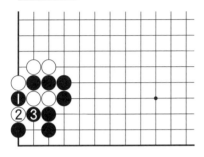

해답 2

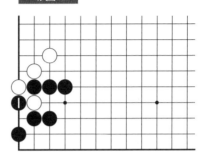

해답 3

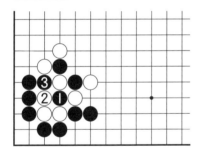

해답 4

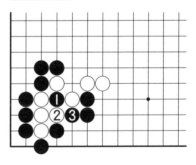

해답 5

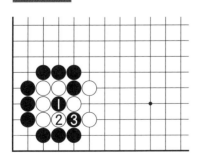

해답 6

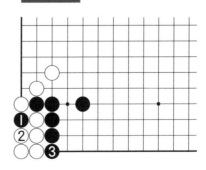

▨ 바둑 십훈

☞ 躁而求勝者 多敗(조이구승자 다패) : 조급하게 이기려고 하다가 오히려 지는 경우가 많다.

☞ 不爭而者保者 多勝(부쟁이자보자 다승) : 다투려고만 하지 않고 스스로 지키고 조심하다 보면 이기는 경우가 많다.

☞ 戰多勝而驕者 其勢退(전다승이교자 기세퇴) : 싸움에 이겼다 해서 교만을 부리는 자는 곧 그 세가 퇴색하고 약하게 된다.

☞ 一攻一守 虛虛實實(일공일수 허허실실) : 병법에 공격은 최대의 수비, 수비는 최대의 공격이란 가르침도 있듯, 또한 허술한 가운데 실익이 있고 실익 가운데 허술함이 있는 즉 중용의 도를 지키는 것이 중요하다.

☞ 有先而後 有後而先(유선이후 유후이선) : 선수인 줄 알았던 것이 후수가 되기도 하며 때로는 후수로 보였던 수가 선수가 되기도 하는 것이니, 그때그때 선 후수의 가치를 잘 살펴야 한다.

☞ 兩生勿斷 皆活勿連(양생물단 개활물연) : 상대의 돌이 양쪽 모두 살아 있는 경우에는 끊어봤자 득이 없으므로 굳이 끊으려 하지 말 것이며, 내 돌이 양쪽 모두 살아있는 경우에는 연결하려고 애쓸 필요가 없다.

☞ 不以小利 而妨遠略(불이소리 이방원략) : 작은 이익 때문에 원대한 계략에 차질을 빚어서는 안 된다.

☞ 勝固欣然 敗亦可喜(승고흔연 패역가희) : 승부에서는 모름지기 이겨야 좋은 것. 따라서 이기는 것은 진실로 즐거운 일이지만 훌륭한 벗을 만나 수담을 나눌 경우라면 설령 진다해도 그 또한 기쁜 일이 아니겠는가. 그런 마음의 여유가 있어야 군자가 아니겠는가!

☞ 知彼知己 萬古不易(지피지기 만고불역) : 상대를 알고 나를 알면 백전백승, 상대도 모르고 나도 모르면 백전백패. 그러므로 지피지기는 만고불변의 법칙이며 인생을 살아가는 데 꼭 새겨둘 말이다.

☞ 勤修精進無限不定(근수정진무한부정) : 부지런히 갈고 닦는 데는 끝도 없고 한도 없고 정해진 바도 없으니 쉬지 말고 정진하라.

2장

왕초보
기술의 활용

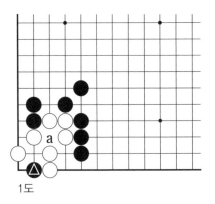

1도

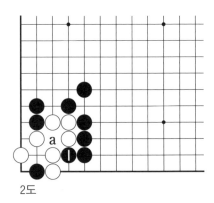

2도

🔴 옥집과 사활 관계 1

옥집은 집같이 보이지만 실제로는 집이 아닌 집을 말합니다. 즉 가짜 집을 말하는 것입니다. 1도를 가만히 살펴보면 흑▲의 치중으로 이 부분만 보면 백이 살기 어려워 보입니다. 그런데 a의 곳이 집이라면 백 전체는 살아있을 것입니다. 그러나 이 백은 치명적인 약점이 남아 있습니다.

2도 흑1이면 a의 곳이 옥집으로 바뀝니다. a의 곳이 옥집이 되는 순간 백 전체는 잡힙니다. 그래서 3도 흑▲가 있을 때는 백1의 가일수가 필수입니다. 이곳을 가일수해야 완전한 한 집이 되어 전체 백은 사는 것입니다.

집을 만들 때는 늘 옥집에 민감해야 하며, 특히 사활이 걸려 있을 때는 더더욱 옥집에 신경을 써야 합니다. 4도 흑▲처럼 대각선 마주보고 있는 자리에 돌이 놓이면 옥집이 된다는 것도 알고 있어야 합니다.

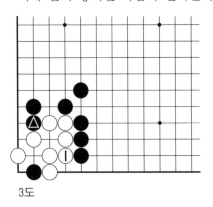

3도

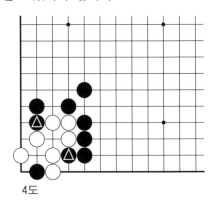

4도

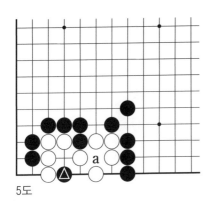

5도

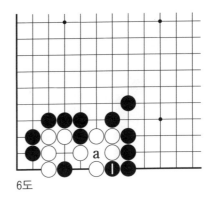

6도

●옥집과 사활 관계 2

5도를 살펴보면 백의 집에 흑▲로 치중되어 있지만 a의 곳에 한 집이 있어 백 전체는 완생(完生: 완전한 삶)으로 보입니다. 하지만 여기서 백은 손을 빼면 안 됩니다. 백집에 치명적 약점이 있다는 사실을 알아야 합니다.

손을 뺀다면 당장 6도 흑1의 급소로 a의 곳은 집이 안 됩니다. 집같이 보였지만 흑1로 두고 보니 옥집이 되는 자리였습니다. 옥집은 진짜 집이 아니고 집처럼 보이는 가짜 집이라고 말했습니다. 나중에 7도와 같이 흑▲의 뒷수가 모두 메워지면 a의 곳은 단수로 몰리게 되고 결국 잡히기 직전의 모습으로 변합니다.

그러므로 8도 흑▲가 있을 때 백1의 가일수는 필수이며, 이 자리에 백의 돌이 있어야 완전한 집이 됩니다.

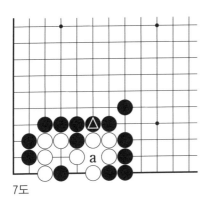

7도

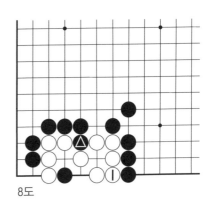

8도

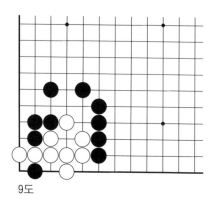

9도

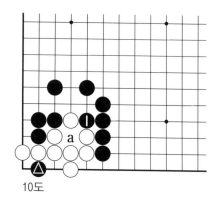

10도

●옥집과 사활 관계 3

옥집은 집의 모양새를 하고 있지만 집이 아니라고 배웠습니다. 지금 9도 백 전체도 엄청난 약점을 안고 있습니다. 이 약점을 발견하지 못한다면 전체 백은 사활에 걸려 위험합니다.

10도 흑1이면 이 백은 전체가 사는 데 집이 부족한 모습입니다. 흑1이 놓인 순간 a의 곳은 집이 안 됩니다. 바로 옥집이 되는 것이죠. 그러므로 이 백은 귀에 흑▲ 한점이 치중되어 있어 전체가 잡힌 모습입니다.

11도 나중에 흑▲로 공배가 메워진다면 a는 이어야 하는 자리가 되므로 집이 안되는 게 분명해집니다. 다시 한 번 강조하지만 옥집은 집이 아니라는 걸 꼭 기억하기 바랍니다. 그래서 백은 12도 백1로 보강해야만 여기에 완전한 한 집을 확보할 수 있으며 전체가 살게 됩니다.

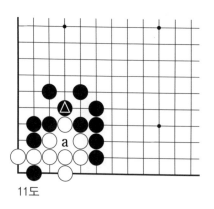

11도

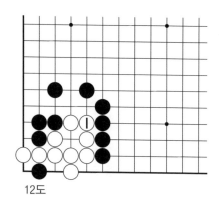

12도

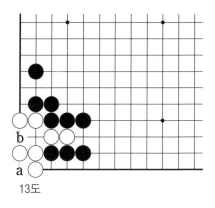

13도

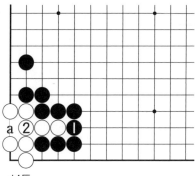

14도

먹여치기를 활용하라!

옥집이란 걸 얼마나 신중하게 관찰해야 하는지 13도 백 모양을 보면 알 수 있습니다. 왕초보 분들이 볼 때 지금 a와 b의 두 곳에 확실한 두 집이 눈에 어른거립니다. 하지만 치명적인 수읽기 부족에서 오는 현상입니다.

14도 흑1로 몬다면야 백2로 이어 a의 확실한 한 집이 확보됩니다. 그러면 귀퉁이 한 집과 함께 완전한 두 집을 확보해 살아있는 모습이지만 이것은 착각입니다. 15도 흑1로 먹여치면 이 백 전체는 아주 위험해집니다.

16도 이제 a의 곳은 옥집임이 보이죠? 앞에서 배웠듯이 옥집은 집이 아닙니다. 그렇다면 이 백 전체는 잡힌 모습이 되겠지요. 그러므로 이런 모양에서 백은 절대적인 가일수가 필요합니다. 14도 백2 자리에 흑이 먹여치기 전에 백은 미리 여기를 보강하는 것이 정수입니다.

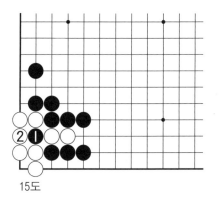

15도

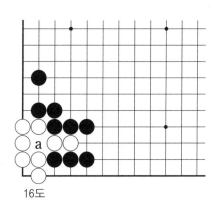

16도

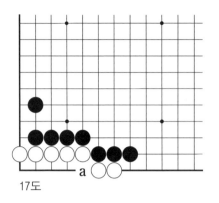

17도

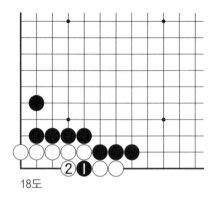

18도

●옥집을 먹여치면 궁도가 줄어든다

17도 귀의 백이 궁도가 넓어 살아 있는 것처럼 보이지만 실은 그렇지 않습니다. a의 곳이 옥집이기 때문이죠. 그러므로 정확히 두면 이 백을 잡을 수 있습니다.

18도 흑1의 먹여침부터 시작입니다. 백2로 잡는 순간 백의 궁도는 줄어들었습니다. 이때 19도 흑1의 치중이면 이 백은 잡힌 모습입니다.

그런데 만약 20도 흑1 때 백2로 왼쪽 귀퉁이에 한 집을 만들면 어떻게 될까요? 이 모양을 보면 얼핏 백이 살아있는 것 같이 보입니다. 하지만 그렇지 않습니다. 다만 이때 흑은 한번 더 심사숙고해서 정확한 응수를 해야합니다. 여기가 중요한 고비이며, 좀 더 고민할 필요가 있는 장면입니다.

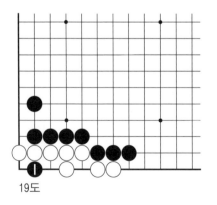

19도

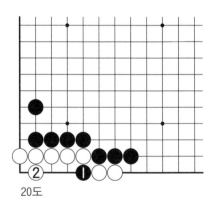

20도

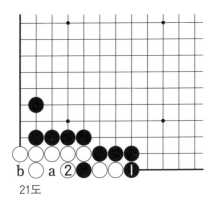

21도

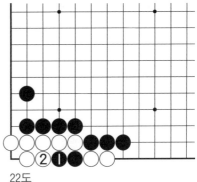

22도

●한번 더 먹여치기를 생각하라

여기서 흑이 겁을 먹어선 안 됩니다. 그리고 아주 작은 먹이에 연연해서도 안 되고요. 21도 흑1로 따내는 것은 흑이 겁을 먹은 모습이고 작은 먹이를 탐한 실속 없는 처리법입니다. 그러면 백은 재빨리 2로 a의 한 집을 만들어 b와 함께 확실한 두 집을 확보한 모습입니다.

22도 흑1로 키우는 것이 요령입니다. 얼핏 흑 두점이 잡혀 그만일 것 같지만 여기는 아주 멋진 묘수가 숨어 있습니다. 23도 흑1로 한번 더 먹여침이 바로 그겁니다. 이 수로 백은 옥집을 피할 수 없고 전체가 잡혔습니다.

그러므로 애초에 이 백은 가일수가 필요하며 그래야 완전히 삽니다. 24도 백1의 보강이 필요한 것입니다. 나중에 배우겠지만 백은 이걸로 '직사궁'이 되어 살아있는 모습입니다.

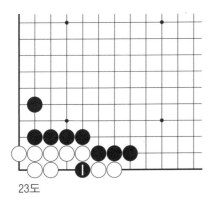

23도

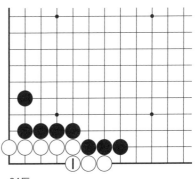

24도

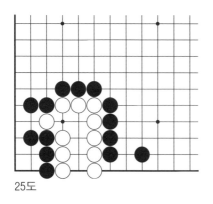

25도

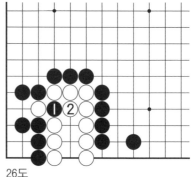

26도

●궁도를 줄이는 데는 먹여치기가 최고

비슷한 유형을 한번 더 알아보겠습니다. 25도 흑이 선착해서 백을 잡는 문제인데요. 역시 먼저 궁도를 줄여야 하는 것이 핵심 포인트입니다. 여기서 다시 확인해야 할 중요 사항은 궁도를 줄이는 데는 먹여치기가 최고라는 것입니다.

그래서 26도 흑1로 먹여치는 것이 포인트라는 겁니다. 이렇게 안으로 넣어 스스로 한점을 희생하는 것이 중요하지요. 다음 백2로 따내면~

그때 27도 사활의 급소인 흑1로 치중하면 백은 꼼짝없이 잡히게 됩니다. 여러분도 이제 흑1의 급소는 알고 계시죠? 이 자리는 쌍방 사활의 급소에 해당됩니다. 그래서 이 백은 흑이 선수로 두면 속절없이 잡히므로, 28도 백은 상대가 두었던 곳인 1로 보강하는 것이 시급합니다.

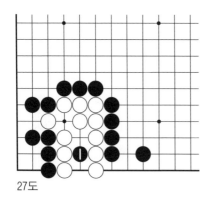

27도

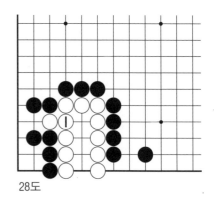

28도

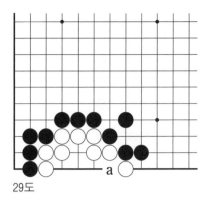

29도

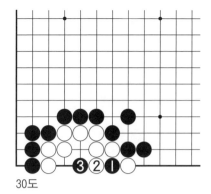

30도

먹여치기가 최선이 아닐 때가 있다 1

먹여치는 것이 궁도를 줄이는 데 좋은 방법이긴 하지만, 경우에 따라서 통하지 않을 때가 있습니다.

29도 a의 자리가 옥집이며 먹여칠 수 있습니다. 그래서 우선 30도 흑1로 먹여치는 것이 눈에 들어옵니다. 다행히 백이 2로 반응해 준다면 흑3으로 이 백을 잡을 수 있습니다. 하지만 백은 31도 흑1에 반응하지 않고 백2로 두 집을 만드는 멋진 수가 있습니다.

사활에서 먹여치면서 궁도를 줄이는 방법이 좋은 수순이긴 하지만, 지금과 같이 그렇지 않은 경우가 있습니다. 그래서 사활문제에 직면하면 먼저 급소를 확인하며 접근해야 합니다. 지금은 32도 흑1로 치중하는 것이 사활의 급소이며, 이걸로 백 전체는 잡힌 모습입니다.

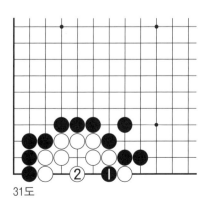

31도

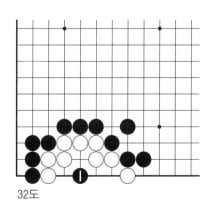

32도

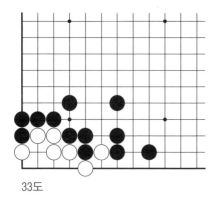

33도

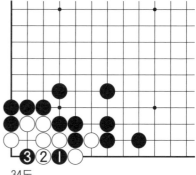

34도

● 먹여치기가 최선이 아닐 때가 있다 2

비슷한 유형의 문제를 한번 더 살펴보겠습니다. 지금은 옥집 되는 곳과 사활 관계를 살펴보고 있습니다. 그런데 간혹 옥집 자리의 궁도를 줄여가는 먹여치기가 통하지 않는 경우도 있다는 것입니다.

33도 가만히 살펴보면 이 백도 궁도를 줄여가는 방법이 있습니다. 하지만 지금은 궁도를 줄이는 게 좋지 않습니다. 34도 흑1의 먹여침이 궁도를 줄여가는 방법입니다. 이때 백이 2로 받아만 준다면 흑3으로 백을 잡는 데 문제없지만, 이렇게 일방적인 수읽기는 혼자만의 생각입니다.

35도 흑1에 백은 2의 급소에 두어 살아가는 방법이 있습니다. 그래서 흑도 먹여치려는 생각보다는 이와 같은 급소를 찾아야 합니다. 역시 36도 흑1이 바로 사활의 급소입니다. 이 수로 백 전체는 잡힌 모습입니다.

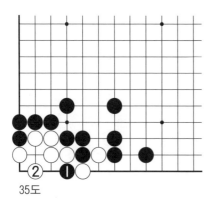

35도

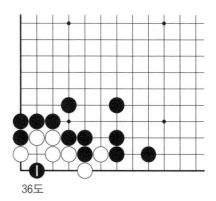

36도

■ 옥집을 생각하며 백을 잡아보세요.

문제 1

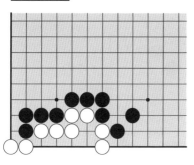

문제 2

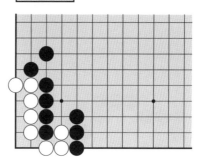

문제 3

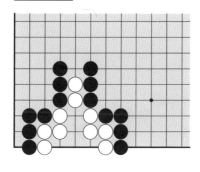

문제 4

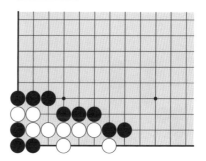

문제 5

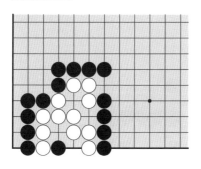

문제 6

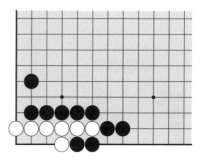

☞ Tip 옥집과 먹여치기와 급소를 함께 생각해보세요.

해답 1

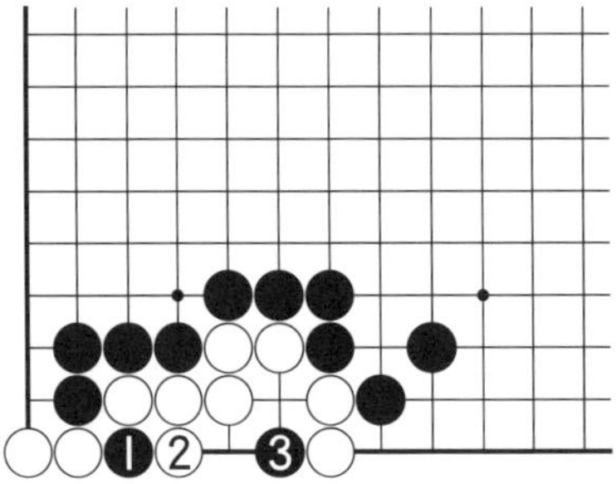

해답 2

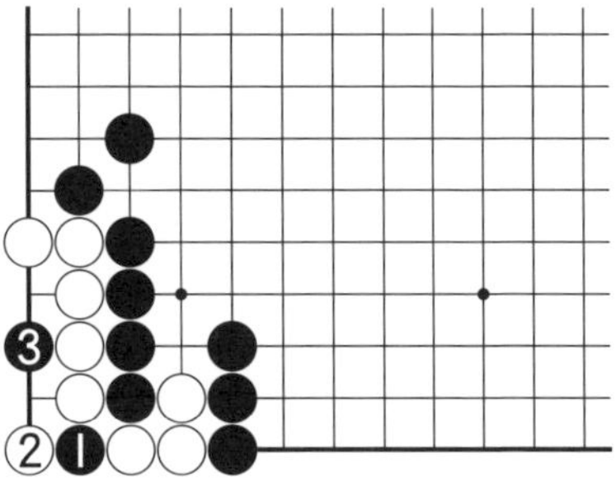

해답 3

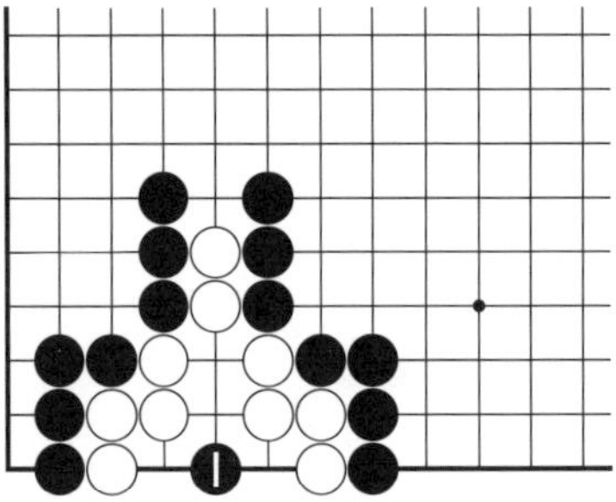

해답 4

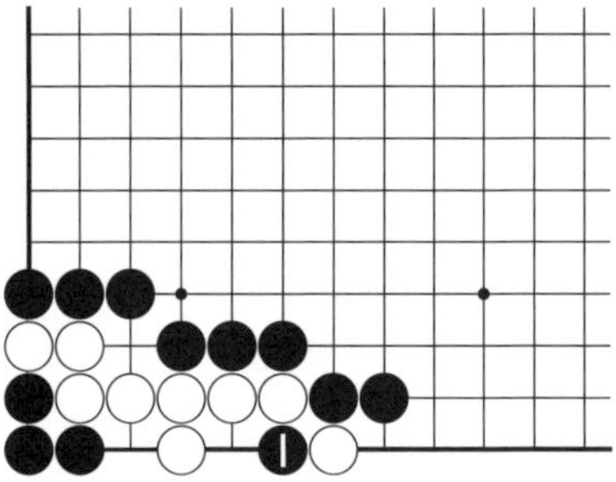

해답 5

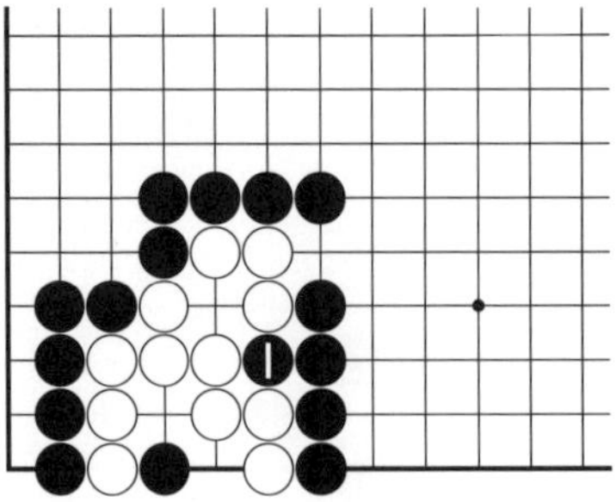

해답 6

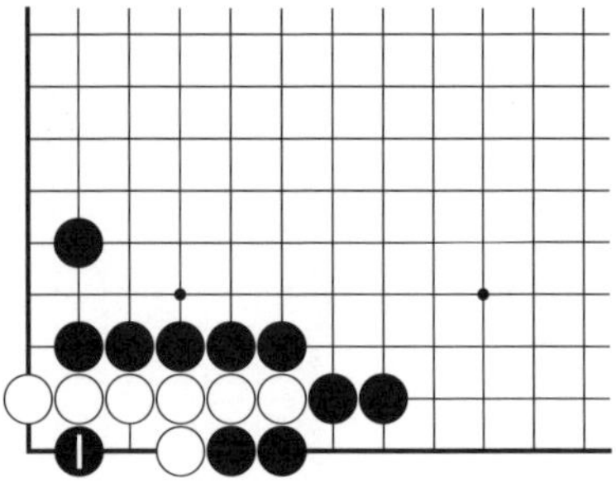

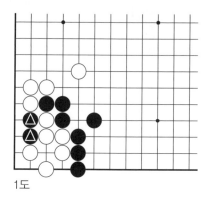

1도

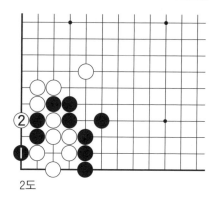

2도

● 옥집을 이용한 단수

앞에서 얘기했듯이 옥집은 집이 아니라고 했습니다. 그러므로 바둑을 잘 두기 위해서는 옥집과 진짜 집을 정확히 구분해야 하는데요. 옥집을 잘 확인하는 것만으로도 위기에서 탈출할 수 있습니다.

1도 지금은 흑▲ 두점이 당장 잡힐 위험에 있습니다. 하지만 이 흑 두점은 잡히지 않습니다. 잘 살펴보면 흑은 멋진 수단이 있거든요.

2도 단순히 흑1로 수를 줄여가는 것은 백2로 흑이 먼저 잡힙니다. 좋은 방법이라고 할 수 없죠. 3도 흑1의 단수가 옥집을 이용한 아주 멋진 발상입니다. 백은 당장 a의 단수로 인해 보강해야 하는 처지가 되었죠.

계속해서 4도 흑2로 이으면 흑3의 연단수로 이 백을 오히려 잡을 수 있습니다. 백에게 숨 돌릴 틈을 주지 않는 수순입니다.

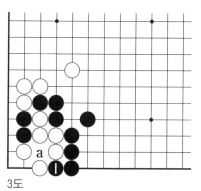

3도

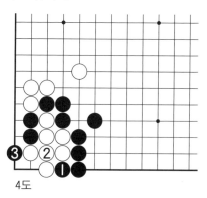

4도

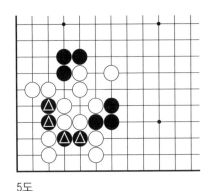

5도

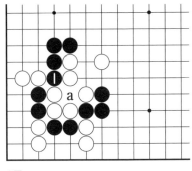

6도

● 옥집을 찾아 단수로 몰아라

바둑을 처음 배울 때는 옥집이 바로 눈에 들어오지 않습니다. 하지만 자주 옥집과 진짜 집을 구분하는 연습을 하다보면 복잡한 형태에서도 옥집이 눈에 들어옵니다.

5도 흑▲들이 한 눈에 보면 잡혀 있는 듯 합니다. 하지만 이들을 구사일 생으로 생환할 수 있는 멋진 수가 있습니다. 이 포로들을 구할 수 있는 하이라이트는 상대의 옥집을 찾아 단수로 몰아가는 것입니다.

6도 흑1이 바로 백 석점을 단수로 모는 맥점이며, 이걸로 백은 꼼짝 못하게 됩니다. 계속해서 7도 백2로 이어도 흑은 연속된 흑3의 단수가 기다리고 있습니다. 그러면 오히려 백은 사분오열되며 중앙이 잡히는 모습입니다. 그렇다고 8도 백이 2쪽으로 보강해도 흑은 3으로 단수되어 있는 백 석점을 잡으면 그만입니다.

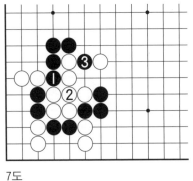

7도

8도

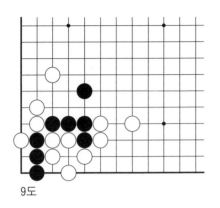

9도

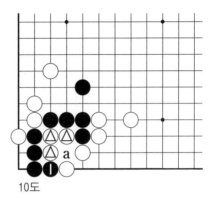

10도

● 상대의 약점을 먼저 찾으면 성공

9도를 살펴보면 귀의 흑 석점이 풍전등화로 일견 잡혀있는 듯 보입니다. 하지만 어려움에 처할수록 상대의 약점부터 찾아야 하는데요. 지금도 마찬가지입니다. 백은 아주 치명적인 약점을 안고 있습니다.

10도 흑1이 바로 그곳입니다. 이제 눈에 보이죠? a의 곳이 옥집이 되면서 백△가 단수가 된다는 사실을요. 핵심은 바로 그것입니다. 아무리 어려움에 처해 있어도 상대의 약점을 먼저 찾으면 성공을 거둘 수 있습니다.

그러면 11도 백이 단점을 보강한다고 2로 이어보아도 흑은 3으로 연속 단수가 기다리고 있는 것입니다. 그래서 백은 애초 이 부근에 반드시 보강을 해야 합니다. 12도 백1이 가장 효율적인 보강 방법입니다.

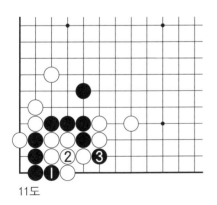

11도

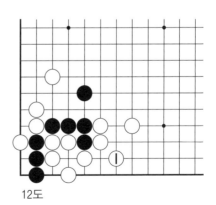

12도

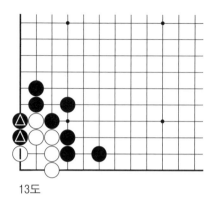

13도

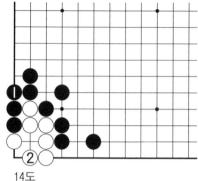

14도

🔵 매력적인 먹여치기

13도 백1로 막아 흑⚫ 두점을 단수친 장면입니다. 과연 귀의 백은 살아 있을까요? 앞에서 배웠던 수법을 활용하면 좋을 것입니다. 이때 흑이 두점에만 연연하면 너무 나약합니다. 흑은 좀 더 목표가 높아져야 합니다. 그러려면 확실한 수읽기와 요령이 필요한데요.

14도 흑1로 이어서는 안 된다는 것입니다. 이건 백2로 살 수 있기 때문이죠. 흑은 이 백 전체를 잡을 수 있는 방법을 생각해야 합니다. 15도 흑1의 치중이 급소입니다. 계속해서 백은 2로 흑 두점을 잡아보지만, 16도 흑1의 먹여침으로 이 자리는 옥집이 됩니다.

다시 한 번 얘기하지만 옥집은 집이 아닙니다. 그러므로 이 백 전체는 잡힌 모습입니다. 매력적인 먹여치기의 효과를 느낄 수 있겠죠?

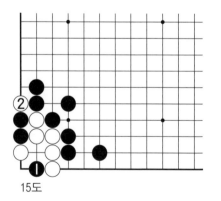

15도

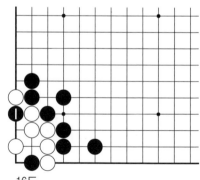

16도

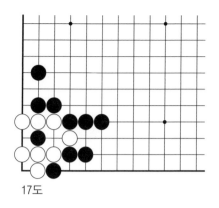

17도

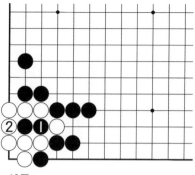

18도

●연속 먹여치기 1

먹여치기는 정말 매력적입니다. 자기 돌을 먼저 희생하기 때문에 눈에 쉽게 들어오지 않을 따름이죠. 따라서 늘 상대의 약점을 찾을 때는 그 자리가 옥 집이 되는가를 확인하고 먹여치는 방법을 떠올려 보는 연습이 필요합니다.

17도 백을 깜짝 놀라게 만들 수 있는 방법이 있는데요. 침착하게 백의 약점을 한번 찾아보세요. 18도 흑1의 자리가 정답입니다. 백2로 잡히면 그 만인 것 같지만 자세히 보면 그렇지 않습니다. 어떻게 자기 편 두점을 희생 하느냐고 항의할 수 있겠지만, 다음 19도를 보면 그 이유를 확인할 수 있습 니다. 바로 흑1로 한번 더 먹여쳐서 백은 이곳이 옥집이 되었습니다. 이걸 로 백 전체가 잡혔죠. 그런데 20도 처음부터 흑1로 ▲ 한점을 살리는 것은 진짜 왕초보의 발상입니다. 백2로 완벽하게 살아있는 모습입니다.

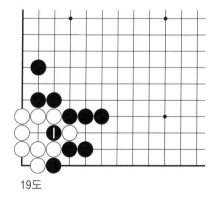

19도

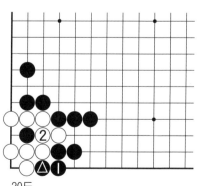

20도

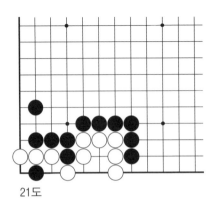

21도

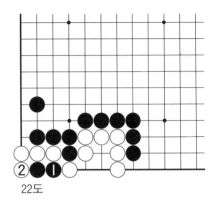

22도

●연속 먹여치기 2

옥집을 만들며 궁도를 줄이는 방법으로는 먹여치기가 아주 좋다고 배웠습니다. 자기 편 돌을 키우며 희생하는 먹여치기는 더욱 매력적이며 바둑의 맛을 느끼게 해줍니다. 지금 21도 백 전체도 안정된 모습 같지만 자세히 살펴보면 치명적인 약점을 갖고 있습니다.

22도 흑1로 두점으로 키우면서 먹여치는 수가 멋진 맥점입니다. 백2로 잡으면, 23도 흑1로 한번 더 먹여치는 것이 하이라이트입니다. 이 수순으로 백은 이곳이 옥집이 되었고 전체가 잡힌 모습입니다.

만약 24도 흑1의 먹여치기에 백2쪽으로 잇는다면, 다음 흑이 더 이상 손을 대지 않아도 백은 이 자체로 잡혀있는 모습입니다. 나중에 백이 a의 자리로 흑 두점을 잡는다면 흑은 앞에서 배운 대로 1의 자리에 다시 먹여치는 수순을 밟으면 됩니다.

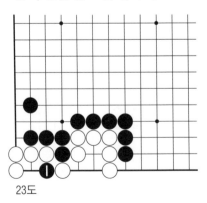

23도

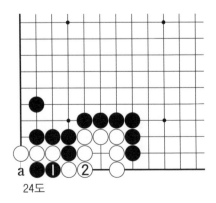

24도

▨ 연단수와 먹여치는 수법으로 백을 잡아보세요.

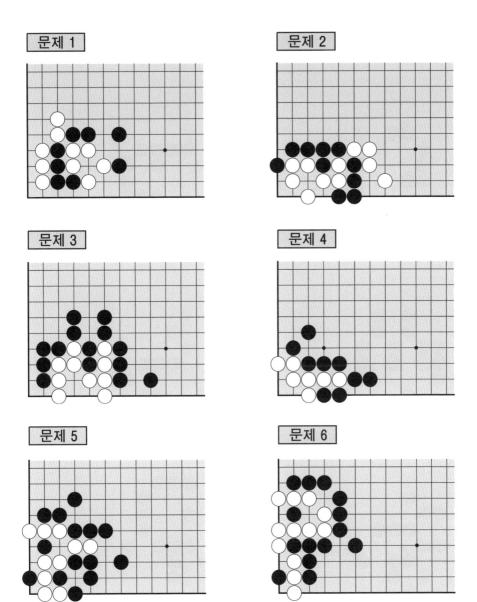

문제 1

문제 2

문제 3

문제 4

문제 5

문제 6

☞ **Tip** 먼저 급소에 둔 후 먹여치기는 나중에 두는 경우도 있습니다.

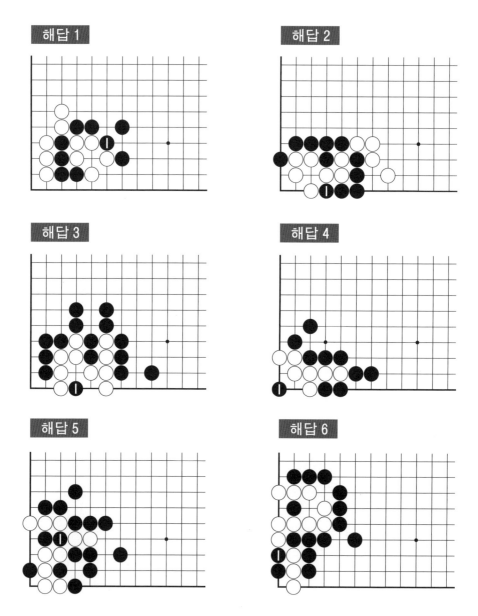

●두 집 만들기

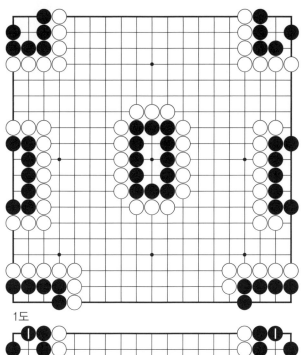

1도

2도

바둑에서 사느냐 잡히느냐의 사활 문제는 분리된 두 집을 확보할 수 있느냐 여부에 달려 있습니다.

1도의 모든 흑은 3궁 (3집: 특히 사활에서는 집 대신 '궁' 또는 '궁도'라 표현하기도 함) 모양입니다. 흑은 이 자체로 아직 살아 있는 돌이 아닙니다.

2도 흑1의 가일수가 있어야 비로소 모든 흑은 완전한 삶을 확보합니다.

이렇듯 사활은 분리된 두 집을 확보하고 있어야 합니다. 2도의 흑은 1로 분리되며 완전하게 살아 있는 모습입니다.

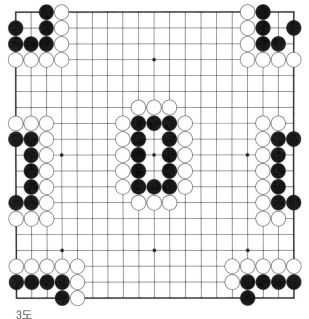

3도

4도

3도 앞에서 제시한 모양 그대로 이제는 두 집을 없애는 연습을 해보겠습니다.

두 집을 없앤다는 것은 분리된 두 집을 만들어주지 않는다는 말이며, 그 곳이 바로 사활의 급소라고 봐도 무방합니다.

4도 백1의 급소 한방이면 제시된 흑은 모두 잡힌 모습입니다. 이 수로 모든 흑은 분리된 두 집을 확보할 수 없습니다. 백1 다음 흑은 더 이상 두기 어렵지만, 백이 공배와 궁도를 모두 메워가면 흑은 결국 단수에 몰려 죽게 됩니다.

그러므로 바둑 규칙에서는 백1로 둔 자체로 흑은 잡힌 걸로 규정하고 있습니다.

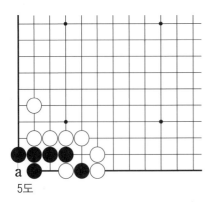

5도

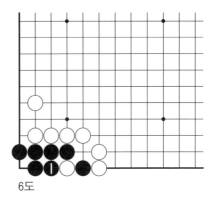

6도

●두 집 만들기 요령 1

이전에 먹여치기에 의한 기본적인 사활에 대해 약간 공부했습니다. 두 집을 만들고 없애는 방법보다 수준 높은 사활을 맛보았지요. 연속으로 먹여치며 옥집을 만드는 과정도 익혔습니다. 이를 통해 분리된 두 집의 개념을 확실하게 이해할 수 있는 것이죠.

5도 이 흑은 현재 a의 확실한 한 집을 확보하고 있지만 아직은 완생의 모습이 아닙니다. 그럼 6도 흑1로 백 한점을 잡아볼까요? 아하, 이건 안 됩니다. 7도 백1이면 백 한점을 잡은 a의 곳이 옥집이 되며 단수 상태임을 알 수 있습니다. 이걸로 흑 전체는 잡힌 모습입니다.

처음으로 돌아가, 8도 흑은 1로 잇는 것이 분리된 두 집을 확보하는 정확한 방법입니다. 그러면 백은 더 이상 흑을 추궁할 수 없습니다.

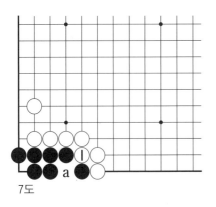

7도

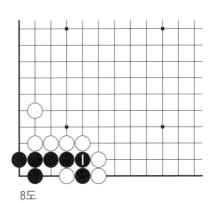

8도

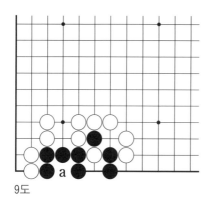

9도

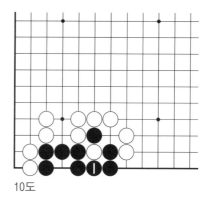

10도

● 두 집 만들기 요령 2

다음과 같은 유사형에서 두 집 만들기 요령을 학습해 보겠습니다. 분리된 두 집 만들기는 삶의 확보를 위한 중요한 과정입니다. 그러므로 지금 배우고 있는 아주 기본적인 사활을 잘 익혀두기 바랍니다.

　9도 역시 흑은 a의 확실한 한 집을 확보하고 있습니다. 이제 나머지 한 집이 절실히 필요한 시점인데요. 10도 무턱대고 흑1로 백 한점을 잡는 것은 왕초보 발상입니다. 앞에서 학습한 것도 잊어버린 속수이죠.

　다음 11도 백1이면 단수가 되어 여기가 옥집으로 변한다는 사실을 이제는 눈치 채야 합니다. 이 순간 흑 전체는 잡힌 모습입니다. 순식간에 일어난 일이죠. 그러므로 12도 흑은 1로 가만히 잇는 것이 분리된 두 집을 확보하는 확실한 수순입니다.

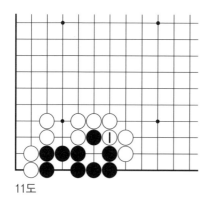

11도

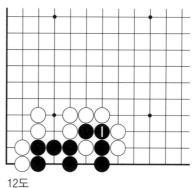

12도

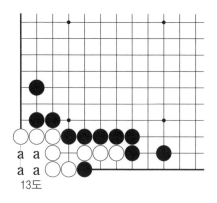

13도

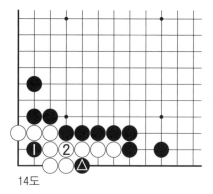

14도

●두 집 없애기 요령 1

지금 13도 a의 곳은 4집입니다. 분명한 건 4집이나 되는 곳이라도 분리된 두 집이 아니라면 이것 역시 사활에서는 한 집으로 봐야 한다는 것입니다. 이처럼 뭉쳐있는 4집은 분리된 두 집을 만드는 데 아무 도움이 되지 않습니다.

그렇다면 흑은 이 백을 궁지로 몰아넣을 수 있는 좋은 찬스인데요. 그러나 14도 흑1의 치중은 대책 없는 수법입니다. 백2로 잇게 되면 흑▲ 한점이 뒷맛 없이 잡혀 전체 백은 완전하게 산 모습입니다.

여기는 15도 흑1이 ▲를 옥집으로 만드는 급소입니다. 백2로 흑▲ 한점을 따낸 후의 모양을 보면 금방 이해할 수 있습니다. 16도 결국 이런 모양이 됩니다. a가 옥집임을 알 수 있습니다. 그러면 백 전체는 한 집뿐이라 잡힌 셈이 되는 겁니다.

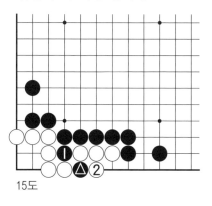

15도

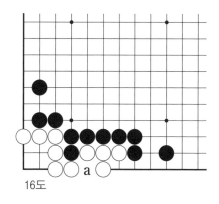

16도

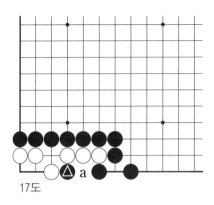

17도

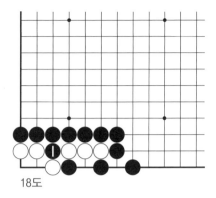

18도

●두 집 없애기 요령 2

17도의 흑▲는 a에 이을 수 없어 잡혀 있는 모습입니다. 그럼 이 백 전체가 살아 있느냐면 그렇지는 않습니다. 좀 더 자세하게 들여다보면 백은 아주 치명적인 약점이 있거든요.

18도 흑1이 바로 백의 약점을 파고든 아주 멋진 급소입니다. 이 한수로 백은 꼼짝 없이 잡힌 모습인데요. 여기서 19도 백이 1로 흑▲ 한점을 따내 봐야 다시 백 녁점이 단수가 됩니다. 그러면 이미 이 자체로 흑은 손을 빼도 백을 잡은 모습입니다.

그러므로 만약 백이 먼저 두는 경우라면 20도 백1로 가만히 이어두는 게 아주 좋은 수이며 이걸로 백 전체는 완생입니다. 즉, 흑은 b의 단점 때문에 a의 곳으로 연결할 수 없습니다. 그러면 흑 한점은 잡혀있는 셈이고, 백은 분리된 두 집이 완성됩니다.

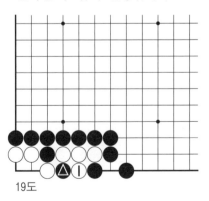

19도

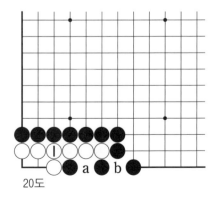

20도

▨ 흑으로 분리된 두 집 만들기와 두 집 없애기입니다.

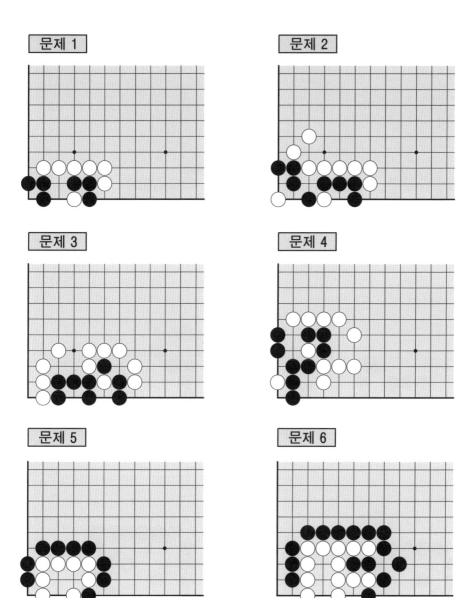

☞ Tip 두 집을 만들고 없애는 사활의 급소를 찾아보세요.

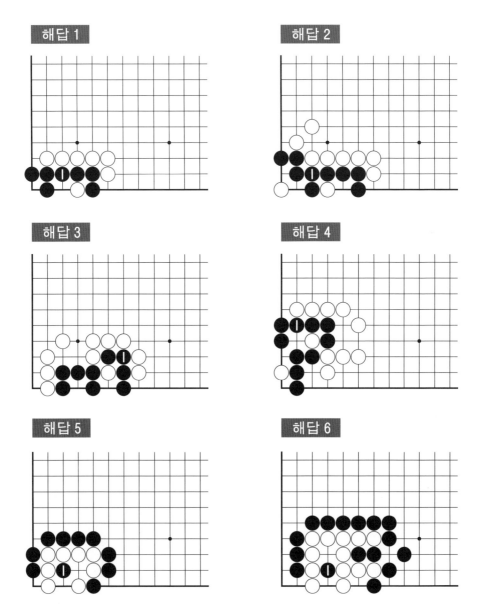

해답 1

해답 2

해답 3

해답 4

해답 5

해답 6

●가장 기본이 되는 3궁의 사활

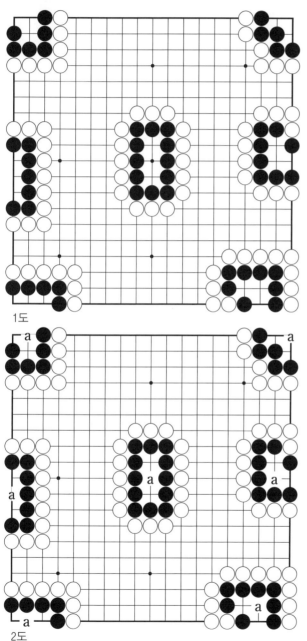

1도

2도

사활에서 가장 기본이 되는 집(궁 혹은 궁도)의 개념은 3집(3궁)입니다. 이 3집에서 사활이 시작됩니다.

1도는 3집의 모양을 전체적으로 보여주고 있습니다. 귀와 변, 그리고 중앙에서 생길 수 있는 3집 모양이죠. 이 3집이 사활의 가장 기본이 되는 모양입니다.

2도 a의 곳이 3집 사활의 급소입니다. 이곳을 먼저 차지하는 쪽이 3집 사활에서 승자가 되는 것입니다. 흑이 선착한다면 분리된 두 집을 확보해 삶을 확정하는 것이며, 반대로 백이 선착하면 흑을 잡을 수 있습니다.

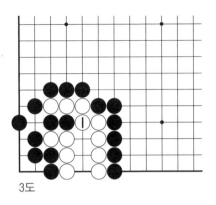

3도

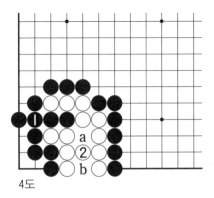

4도

●3궁 사활의 응용

사활에서 가장 기본인 3궁은 너무 알기 쉬운 모양입니다. 앞에서 배운 대로 누가 먼저 급소를 차지하느냐가 관건이죠. 그러나 3궁에서도 약간 응용되는 문제가 있어 그걸 배워보겠습니다.

3도 백1로 막은 장면인데요. 보다시피 백의 모양은 3궁입니다. 약간 까다로운 건 지금 흑 두점이 단수로 몰려 있다는 겁니다. 혹시 흑 두점이 잡히면 큰일 나리라 생각하는 왕초보 여러분이 계시나요?

그래서 4도 흑1로 잇는다면 이건 백2로 멋지게 살아버립니다. a와 b의 곳이 바로 분리된 두 집에 해당되니까요. 그러므로 5도 흑은 먼저 1로 급소에 치중하는 것이 정수입니다. 그러면 백2로 흑 두점을 잡는다고 해도, 6도 흑1로 되따내면 그만입니다. 결국 백은 죽음입니다.

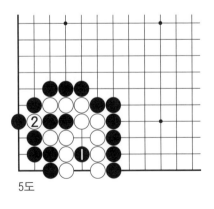

5도

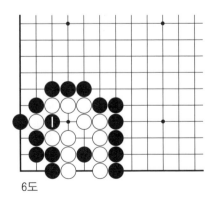

6도

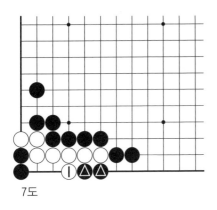

7도

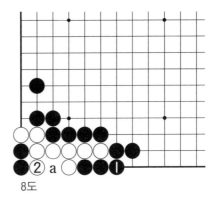

8도

먹여치기를 활용하라

이번에는 같은 맥락이라 해도 다른 모양입니다. 7도 백1로 막은 장면입니다. 흑▲ 두점을 단수로 몰았는데요. 백은 이 두점을 이용해 삶을 도모하려고 합니다. 이때 흑의 응수가 아주 중요한데요.

흑은 작은 것에 연연해서는 안 됩니다. 즉 8도 흑1로 이으면 최악입니다. 이러면 백은 2로 귀에서 분리된 두 집을 확보합니다. a의 곳이 완전한 한 집이며, 잡힌 흑 두점을 따내면 그곳이 또 한 집입니다.

그래서 9도 흑은 1로 백의 모양을 3궁으로 유도하는 것이 중요합니다. 이때 백2로 흑 두점을 잡아도 10도 흑1의 먹여치기가 있습니다. 이 수로 이곳이 옥집이 되는 걸 확인할 수 있습니다. 귀의 백은 흑 석점이 잡혔지만 결국 3궁이므로 나중에 백이 따내면 흑은 다시 급소에 치중해 잡을 수 있습니다. 이 자체로 백은 잡혀있는 모습입니다.

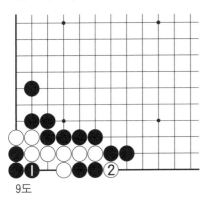

9도

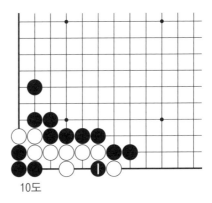

10도

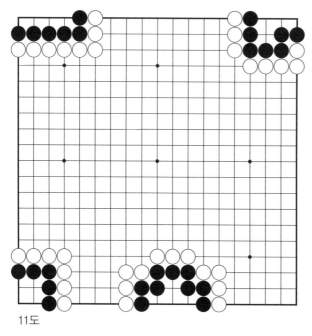

11도

4집의 사활은 아주 기본적인 몇 가지만 학습하면 쉽게 이해할 수 있습니다.

지금 11도는 4집에 해당되는 사활의 기본 모양을 보여주고 있습니다.

12도 좌하귀(바보사각형)는 이 자체로 흑이 잡혀 있는 모양입니다. 흑이 한 수로 분리된 두 집을 만들 수 없기 때문이죠.

하변의 흑(삿갓형)은 먼저 a의 급소를 차지하는 사람이 사활의 승자가 됩니다.

상변의 두 모양은 이 자체로 흑이 살아 있는 모습입니다. 가령 백1로 치중해도 흑2면 a의 확실한 한 집과 더불어 분리된 두 집을 확보해 살 수 있습니다.

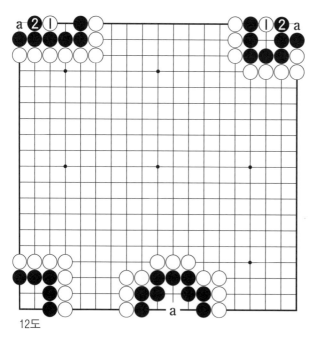

12도

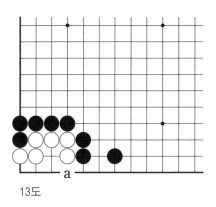

13도

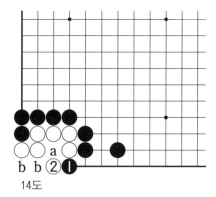

14도

●4궁 사활의 응용

13도는 백돌이 a 자리까지 있다면 4궁 모양이지만 지금은 약간 다릅니다. 흑은 이 백을 추궁하는 방법이 있는데요. 4집 사활을 응용한다는 마음으로 차분하게 접근하면 좋을 것입니다.

14도 먼저 흑1로 젖혀 궁도를 줄이는 것은 백2로 막는 순간 쉽게 살아버립니다. 백2로 막으면 a와 b의 자리가 분리된 두 집이므로 완벽한 삶의 조건이 갖추어집니다. 그러므로 흑은 다른 작전이 필요한데요.

15도 흑1의 치중이 두 집을 빼앗는 사활의 급소입니다. 백2로 차단하면 흑3으로 키웁니다. 그러면 백은 3궁이 되어 이 자체로 잡힌 모습입니다.

만일 16도 흑1에 백2쪽으로 한 집을 만든다면 흑은 3으로 연결합니다. 결국 백은 한 집밖에 없으므로 죽게 되죠.

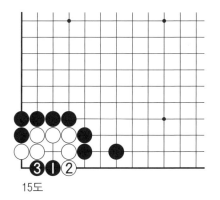

15도

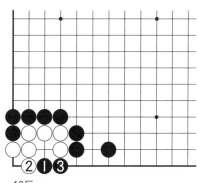

16도

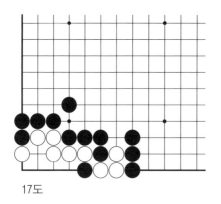

17도

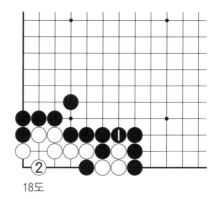

18도

● 급소에 치중하라

17도 백 진영에 흑 한점이 단수되어 있고, 이 한점은 백 석점을 단수로 몰고 있습니다. 흑은 귀의 백 전체를 잡을 수 있는 멋진 수가 있는데요.

18도 먼저 흑1로 백 석점을 잡는 것은 전체를 보지 못한 작은 이익에 연연한 수법입니다. 백2면 깔끔하게 살아버려 흑은 한 게 별로 없습니다.

만일 19도 흑1 때 백이 2로 받아준다면 흑3으로 치중해 다행히 백 전체를 잡을 수 있겠지요. 그러나 백2로 받아줄 사람은 많지 않습니다. 그러므로 처음부터 발상의 전환이 필요한데요.

20도 흑1로 치중하는 것이 사활의 급소입니다. 이 한수로 백은 꼼짝 못하게 되며 전체가 잡힌 모습입니다. 이 백은 더 이상 손을 대지 않아도 잡혀 있습니다.

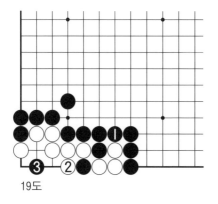

19도

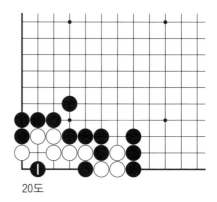

20도

익힘 문제

▨ 흑을 살리거나 백을 잡아보세요

문제 1

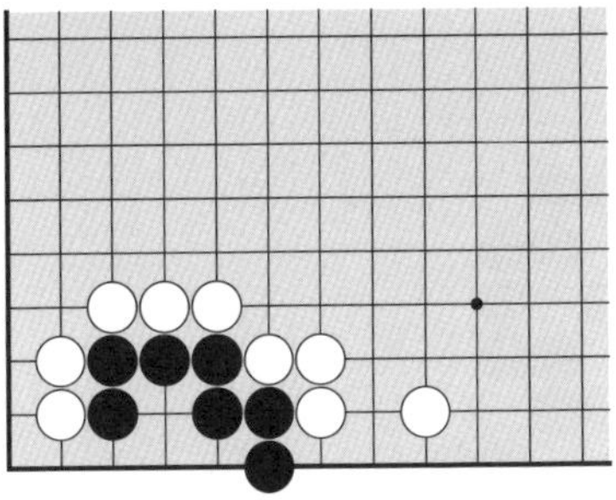

문제 2

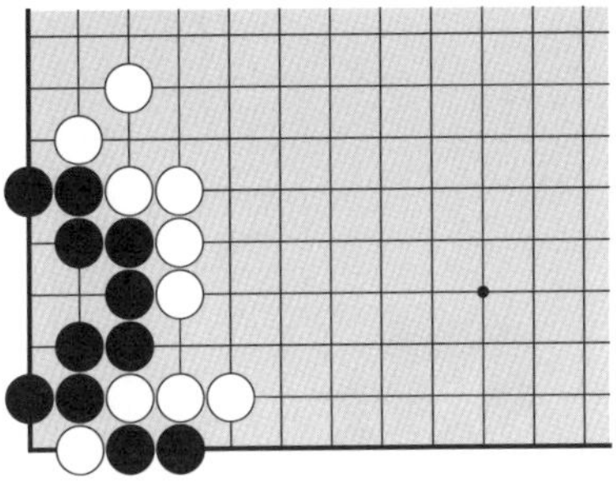

문제 3

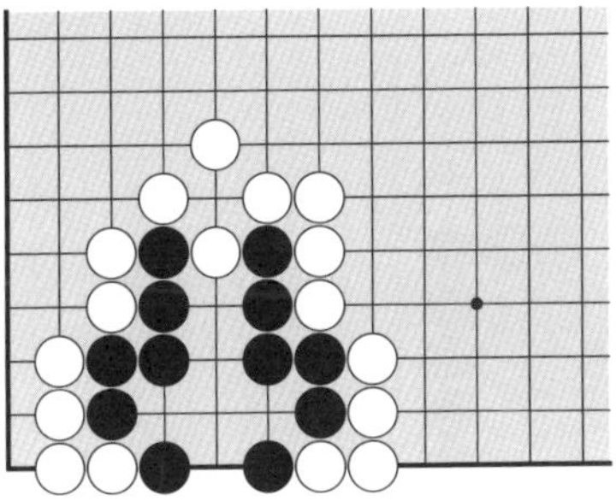

문제 4

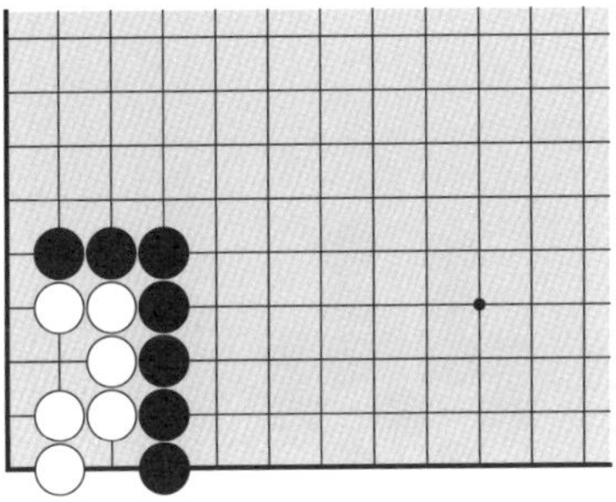

문제 5

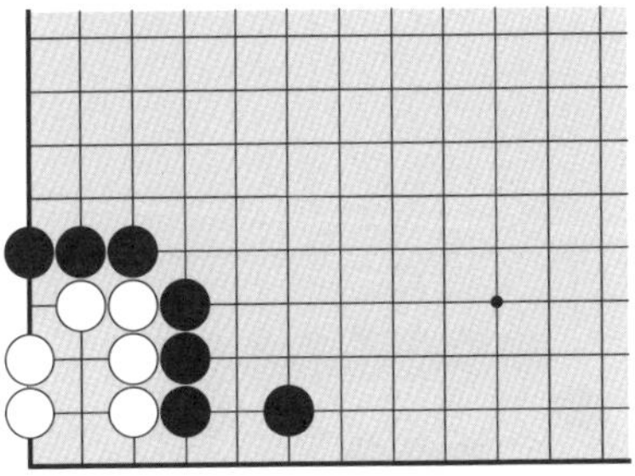

문제 6

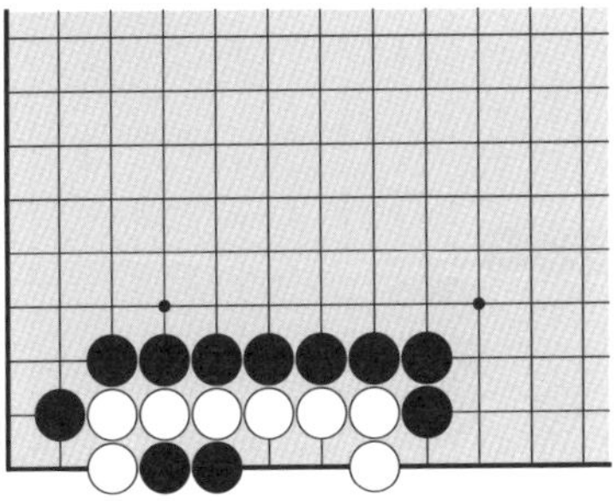

☞ Tip 사활의 급소를 찾는 것이 중요합니다.

해답 1

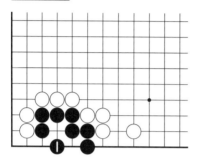

해답 2

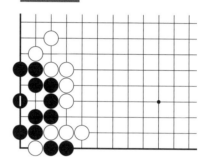

해답 3

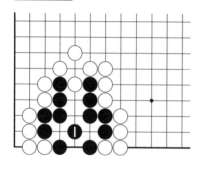

해답 4

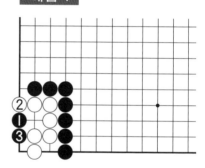

해답 5

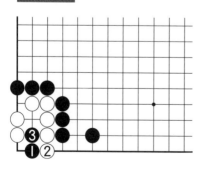

해답 6

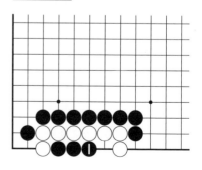

● 직사궁

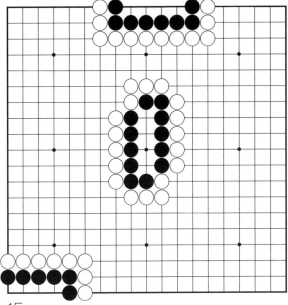

1도

이런 모양을 '직사궁
(직4궁)'이라고 하는데
요. 나란히 한 줄로 4집
을 확보하고 있어 그런
식으로 부릅니다. 이런
모양은 한번 이해하고
나면 무조건 암기하고
있어야 하겠죠?

사활에서 집이 크다고
무조건 살 수 있는 것
은 아닙니다. 4집을 확
보하고 있어도 살아 있
는 모양이 있는 반면,
5집을 확보하고도 잡
히는 모양이 있습니다.

1도는 4집을 확보하
고 있는 가운데 살아 있
는 모양을 보여주고 있
습니다.

2도 백1로 잡으러 와
도 흑2로 방어하면 그
만입니다.

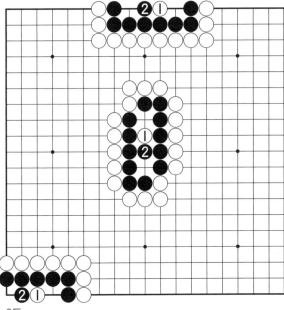

2도

● 곡사궁

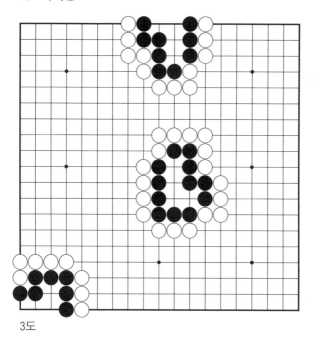

3도

3도는 귀와 변, 그리고 중앙에서 각각 '곡사궁(곡4궁)'의 모습을 보여주고 있습니다. 곡사궁이라는 것은 구부러진 4집(4궁)이란 뜻으로 이렇게 구부러진 4집은 무조건 살아 있는 모양입니다.

이것 역시 한번 이해하고 나면 무조건 암기해야 하는 아주 중요한 사활의 기본입니다.

4도 백1로 공격해 와도 흑2로 막으면 두 집을 확보해 완성인 것입니다. 이런 곡사궁 모양은 앞의 직사궁과 함께 꼭 기억하고 있어야 합니다.

4도

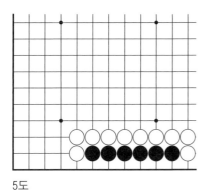

5도

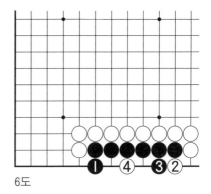

6도

●육사팔활(六死八活) 1

5도 흑을 살펴보면 바둑판의 2선에 나란히 한 줄로 6개의 돌이 연결돼 있는 것을 확인할 수 있습니다. 하지만 이 흑은 자체로 잡혀 있는 모습입니다. 이런 모양을 바둑에서는 '육사(六死)', 즉 6개의 돌이 한 줄로 놓이면 잡힌다는 뜻입니다. 무조건 흑이 잡혀 있는 모습이죠.

6도 흑이 살기 위해 1로 둔다면 백은 2로 궁도를 줄여갑니다. 흑3이면 3궁이므로 백4로 치중하면 이 흑은 잡힙니다. 그런데 만약 7도 흑3 때 백이 4로 이어준다면 흑은 5로 분리된 두 집을 만들어 살 수 있습니다.

하지만 이렇게 순순히 받아줄 백 선수는 아무도 없겠죠? 6도의 올바른 수순을 기억하기 바랍니다. 또 만약 8도 흑1쪽에서 두는 것도 백은 반대쪽에서 궁도를 줄여가면 그만입니다. 역시 백4까지 흑을 잡을 수 있습니다.

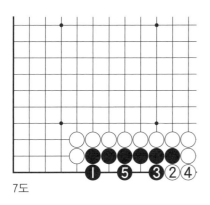

7도

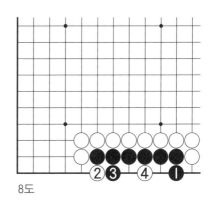

8도

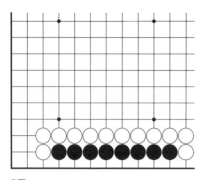

9도

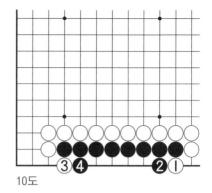

10도

🔵 육사팔활 2

9도 이번에는 2선에 흑이 8개입니다. 이 흑은 무조건 살아 있는 모양입니다. '팔활(八活)', 즉 8개의 돌이 한 줄로 놓인다면 가일수를 하지 않아도 이 자체로 살아 있다는 뜻입니다.

10도 백1, 3으로 궁도를 줄여가도 결국 이 흑은 '직사궁'이 되죠? 사활의 기본에서 직사궁은 살아 있는 모양이라고 배웠습니다. 그래서 8개의 돌이 놓인다면 최소한 직사궁이 되는 집의 형태를 갖출 수 있습니다.

11도 백1의 치중에 흑2면 그만이고, 12도 역시 백1쪽에서 치중해도 흑2로 삶의 기본인 분리된 두 집을 확보할 수 있습니다.

이제 이해가 되었다면 다시 한 번 암기합시다! '육사팔활', 쉽게 요약해서 6개의 돌이면 죽는 모양이고, 8개의 돌이면 살아 있는 모양입니다.

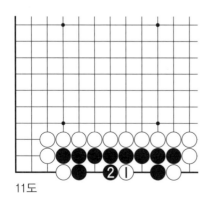

11도

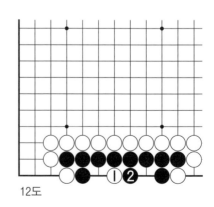

12도

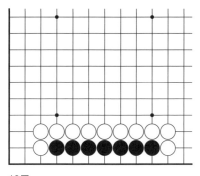

13도

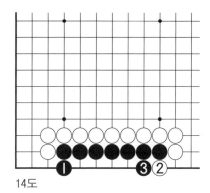

14도

●7개의 돌이 한 줄인 경우

그렇다면 2선에 7개의 돌이 한 줄인 경우는 어떻게 될까요? 13도 지금 흑이 2선에 7개의 돌이 놓였습니다. 아주 긴장되는 순간인데요. 이건 누가 먼저 이곳을 두느냐에 따라 흑의 생사가 갈립니다.

만약 흑이 선착한다면 14도 흑1로 살 수 있습니다. 백2로 궁도를 줄여와도 흑3으로 막으면 바로 직사궁이 됩니다.

15도 흑1쪽에서 궁도를 확보하는 것도 마찬가지입니다. 흑이 먼저 두면 살 수 있다는 뜻입니다. 흑3까지 직사궁이죠?

만약 16도 흑1에 백2부터 치중한다면 어떻게 될까요? 이건 백의 무리로 흑은 3으로 궁도를 넓힌 후 5까지 아주 크게 살 수 있습니다.

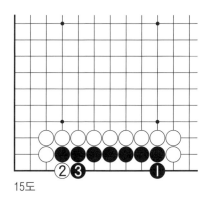

15도

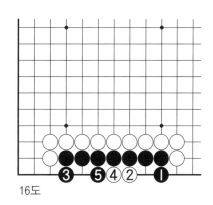

16도

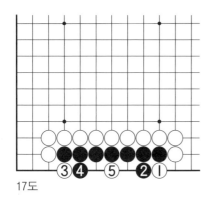

17도

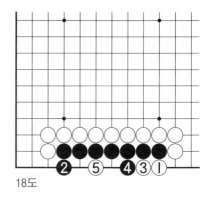

18도

● 선수와 후수 차이

이번에는 백이 먼저 둔다면 어떻게 될까요? 17도 백1, 3으로 궁도를 줄이면 3궁이 됩니다. 따라서 백5로 치중하면 흑이 잡힌 모습입니다.

만약 18도 백1에 흑2쪽으로 궁도를 넓히면 어떻게 될까요? 역시 백은 3으로 궁도를 줄여갑니다. 흑4에 백 두점이 단수되어 약간 걱정되지만 아랑곳하지 않고 백은 5의 치중으로 급소를 가격합니다. 이것으로 흑은 잡혔죠.

계속해서 19도 흑1로 따내는 것이 염려되지만, 20도 백1의 먹여치기가 있습니다. 이 한방으로 이곳은 옥집이 되며, 흑은 모두 잡혔습니다.

다시 정리하면 2선에서 7개의 돌이 한 줄로 놓인 경우는 누가 먼저 두느냐에 따라 생사가 결정됩니다. 이렇듯 육사팔활과 더불어 7개의 경우를 꼭 암기하고 있다면 실전 사활에서 응용력이 생길 것입니다.

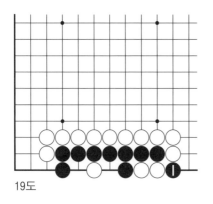

19도

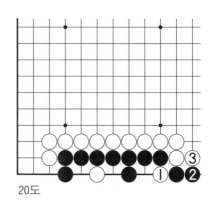

20도

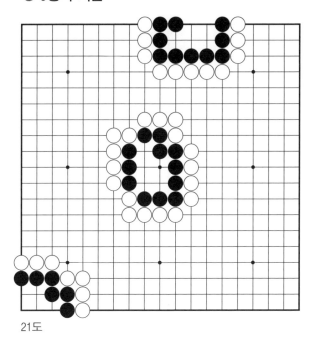

21도

21도는 귀와 변, 그리고 중앙의 기본 5궁을 보여주고 있습니다. 이 5궁은 자체로 살아 있는 모양이 아닙니다. 이런 모양을 특히 '오궁도화(五宮圖花)'라고 합니다. 이 오궁도화는 5집을 확보하고도 이대로는 살 수 없습니다.

4궁일 때도 자체로 살아 있는 모습이 있었지만, 이렇게 5집을 확보하고도 살아 있지 못하는 경우입니다.

22도 이 5궁 모양은 a가 급소로 이곳을 먼저 선점하는 쪽이 사활을 좌우하게 됩니다. 흑이 선착하면 깔끔하게 삽니다. 반대로 백이 선착하면 흑 전체를 잡을 수 있습니다.

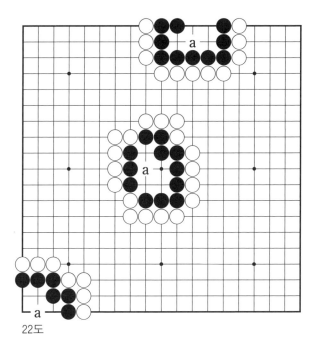

22도

● 살아있는 5궁

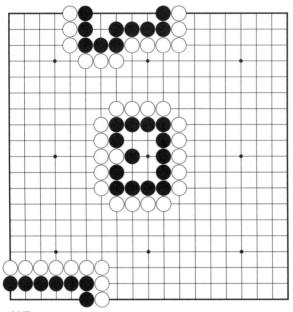

23도

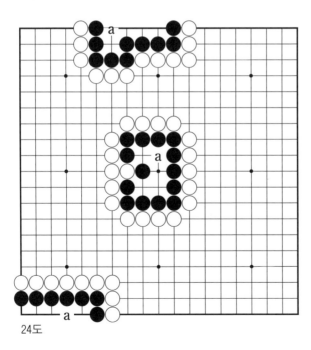

24도

23도의 귀는 직선으로 5집을 확보하고 있습니다. 직선으로 4집인 '직사궁'이면 살아 있는 모습이라고 배웠는데요. 더구나 지금은 '직5궁'이니 너무 쉽게 살아 있는 게 보이죠?

변과 중앙은 모양은 다르지만 역시 5궁으로 살아 있습니다. 이처럼 같은 5궁이라도 충분하게 살아 있는 모양도 많습니다. 눈에 익혀두는 수밖에 없습니다.

24도 이렇게 살아있는 5궁에서는 백이 a의 곳으로 공격해 와도 흑은 여유가 있어 손을 빼도 무방합니다. 돌을 바둑판 위에 놓아보며 그 이유를 확인해 보는 것도 아주 좋은 방법입니다.

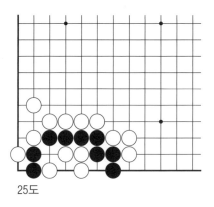

25도

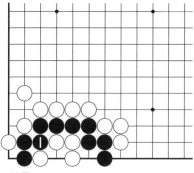

26도

●5궁의 사활 연습

25도 흑은 이 자체로 잡혀 있는 모습입니다. 아직 이해하기 쉽지 않겠지만, 앞에서 배운 5궁을 이해하면 역으로 풀어갈 수 있습니다. 그렇다면 흑의 반발을 통해 검토해 보기로 하죠.

26도 흑1이 일단 떠오르는 반발입니다. 그러면 27도 백이 가만히 1로 이어주면 그만입니다. 이 자체로 5궁 모양이 되었습니다. 즉, 흑은 2로 백 다섯점을 따내도 살 수 없다는 뜻입니다.

28도 흑이 따낸 5궁 모양에서 백은 급소 자리인 1에 치중하면 흑 전체가 잡힌 모습입니다. 이렇게 뭉쳐 있는 5집은 살 수 없다고 배웠죠. 이런 모양을 '오궁도화'라 했습니다. 특히 이 모양은 자동차형 5궁이라고도 합니다. 한편 십자형 5궁도 있는데, 자동차형과 함께 죽음의 5궁으로 보면 되겠죠.

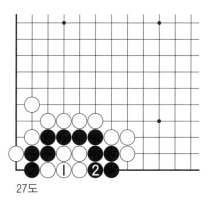

27도

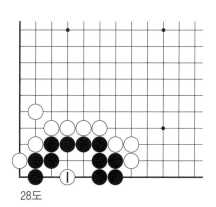

28도

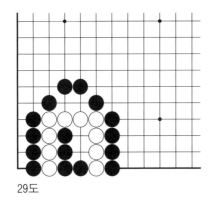

29도

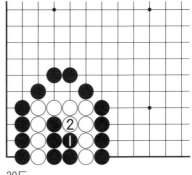

30도

🔴 죽음의 5궁 만들기

29도 흑백이 서로 둘러싸고 있어 누가 잡혀 있는지 쉽게 구분할 수 없습니다. 하지만 가만히 살펴보면 흑이 안에 갇혀 있는 넉점을 잘만 활용하면 백을 잡는 큰 성과를 얻을 수 있습니다. 죽음의 5궁이 키포인트입니다.

30도 흑1이 5궁을 만드는 급소 자리입니다. 이 자체로 백은 모두 잡혔습니다. 백2로 따내도 31도 흑1의 치중이 기다리고 있습니다. 백은 분리된 두 집을 확보할 수 없어 잡힌 모습입니다.

처음으로 돌아와 32도 만약 흑이 a의 곳을 선택하면 그 순간 백은 자체로 살아버립니다. 그러므로 백을 잡으려면 선택을 잘해야겠죠? 만약 백이 선수라면 5궁의 급소였던 1이나 a로 두면 됩니다. 그러면 곡사궁을 만들어 살게 됩니다.

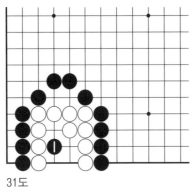

31도

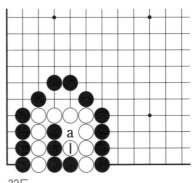

32도

익힘 문제

■ 다음 사활에서 백을 잡아보세요

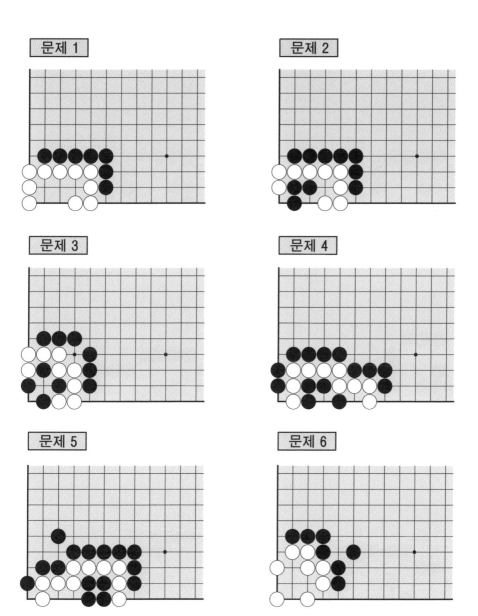

문제 1

문제 2

문제 3

문제 4

문제 5

문제 6

☞ **Tip** 5궁의 급소를 찾거나 죽음의 5궁을 만들어 보세요.

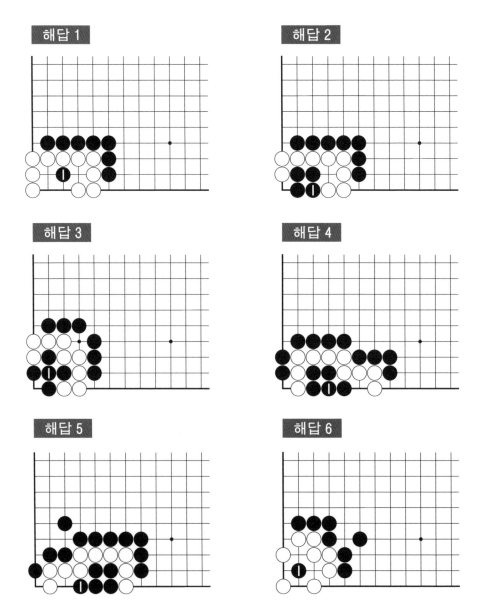

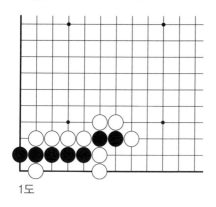

1도

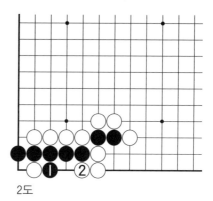

2도

●선수 활용 후 집 만들기 1

지금까지 기본적인 사활의 궁도에 관해 살펴보았습니다. 바둑에서 사활은 대단히 중요합니다. 다 이긴 바둑인데 사활을 착각해 한방에 대마가 몰살하는 경우도 종종 있거든요. 특히 왕초보 여러분은 더더욱 비일비재합니다.

　1도 아직 귀의 흑이 분리된 두 집을 확보하고 있지 못합니다. 단순히 2도 흑1은 백2로 집을 없애 흑이 곤란합니다. 한 집뿐이라 모두 잡힌 모습이죠. 따라서 흑이 살기 위해서는 전략이 필요한데요.

　3도 흑1로 먼저 백의 단점을 추궁하는 것이 수순입니다. 즉, 선수 활용을 한 후에 흑3이면 한 집을 더 확보할 수 있습니다. 그러면 분리된 두 집으로 사는 거죠. 4도 흑1에 백2의 반발은 흑3으로 오히려 백 두점이 크게 잡힙니다.

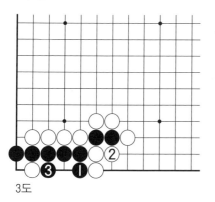

3도

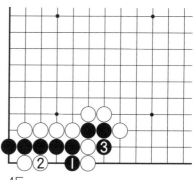

4도

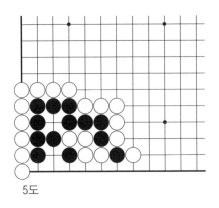

5도

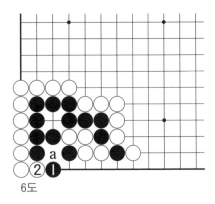

6도

● 선수 활용 후 집 만들기 2

5도 흑이 이미 위쪽에 한 집을 확보한 상태입니다. 이제 아래쪽에서 나머지
한 집을 마련해야 확실한 삶을 얻을 수 있습니다. 쉽게 한 집을 마련할 것
같지만 그게 그렇게 간단하지는 않습니다.

6도 너무 쉽게 흑1로 한 집을 만들었다고 좋아해서는 안 됩니다. 백2면
흑이 살 수 없습니다. 지금 a가 옥집이 된 것이 보이나요? 이건 흑의 실패
입니다.

그렇다고 7도 흑1로 옥집을 방비하는 것도 백2를 당하면 온전한 한 집을
만드는 데 실패합니다. 따라서 흑은 상대의 단점을 활용한 다음 한 집을 만
들 필요가 있는데요. 8도 흑1을 먼저 선수한 후 3으로 지키는 게 멋진 수단
입니다. 이것으로 삶의 조건인 분리된 두 집을 확보했습니다.

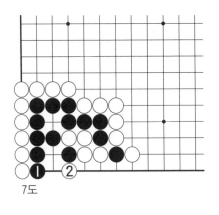

7도

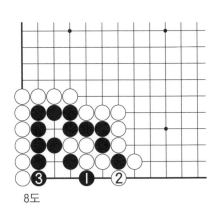

8도

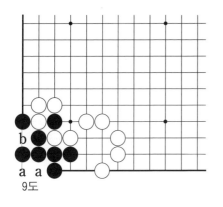

9도

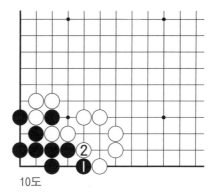

10도

●3수 수읽기

사활을 잘 이해하고 풀어가기 위해서는 최소 3수 정도는 수읽기를 할 수 있어야 효과적입니다.

지금 9도 흑 모양을 살펴보면 흑은 a의 곳에 분리된 한 집을 확보하고 있습니다. 이제는 잘 알겠지만 b의 곳은 진짜 집이 아닌 옥집이란 것이 눈에 들어오겠죠?

그렇다면 다른 방법으로 한 집을 만들어야 하는데요. 10도 흑1은 성급한 결정입니다. 백2면 여기도 역시 옥집이 됩니다. 11도 흑1로 옥집 자리를 피하는 것도 백2로 집이 될 자리를 백이 먼저 차지합니다.

12도 흑1의 선수 활용이 아주 멋진 수순입니다. 백2의 응수를 기다려 흑3으로 절묘하게 살 수 있습니다. 이런 방법이 3수 수읽기입니다.

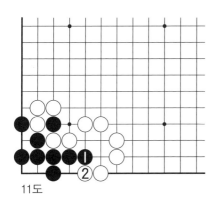

11도

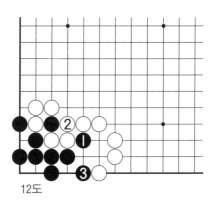

12도

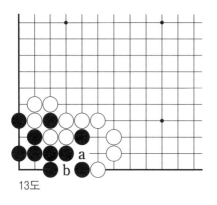

13도

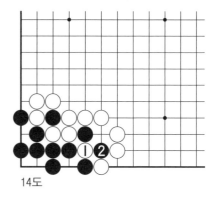

14도

● 호구 모양은 아주 튼튼한 것

계속해서 앞의 모양을 좀 더 살펴보겠습니다. 13도 a로 호구가 되었음이 눈에 들어오죠? 그렇다는 건 이 안에 상대가 놓을 수 없다는 뜻이죠. 놓는 순간 잡히니까요. 그래서 지금 b의 자리는 확실한 한 집이 되는 것입니다.

방금 말했듯이 14도 백1로 옥집을 만들려고 시도하는 것은 흑2로 바로 잡힙니다. 호구 자리이기 때문이죠. 그래서 15도 백은 1 정도인데, 이때 흑이 가만히 2로 이으면 a 자리가 확실한 한 집이 되는 것을 알 수 있습니다.

이래야 여러분에게 확실한 한 집이란 것이 눈에 들어올 수 있어 자세히 보여주었습니다. 다시 한 번 복습해보면 16도 흑▲ 한점 덕분에 백△ 두점을 단수칠 기회가 생겼고, 그래서 흑은 a를 선수하고 b로 두어 살 수 있었던 것입니다.

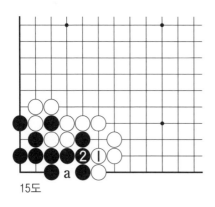

15도

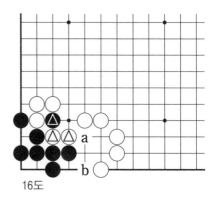

16도

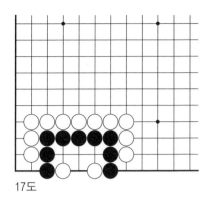

17도

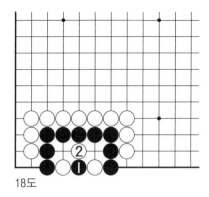

18도

●빅도 살아있는 모양이다

사활에서는 어느 정도 집을 만들며 사는 것이 제일 좋지만, '빅'만 만들어도 대성공일 경우가 많습니다. 대마가 걸려있는 마당에 빅을 만든다는 것도 천만다행이죠.

17도 지금 흑이 어려움에 처해 있습니다. 여기서 흑은 슬기롭게 잘 대처해 나가야 합니다. 18도 흑1로 양단수치는 것이 일견 좋아 보이지만, 백2로 따내고 나면 흑은 5궁 모양이 됩니다. 그러면 잡혀 있는 모습이죠. 구체적으로 보여주면 19도 백△가 채워지면 결국 오궁도화 모양으로 잡힙니다.

그래서 흑은 다른 방법을 찾아야 합니다. 20도 흑1이 좋은 수입니다. 백2로 잇고 보니 이 형태는 빅이 되었습니다. a와 b의 곳은 서로 들어갈 수 없습니다. 백이 이곳에 들어가면 곡사궁이 되어 흑이 집을 내며 크게 살아 버립니다. 반대로 흑이 들어간다면 3궁으로 잡힙니다. 그래서 빅인 거죠.

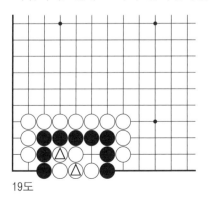

19도

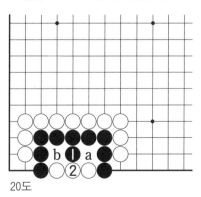

20도

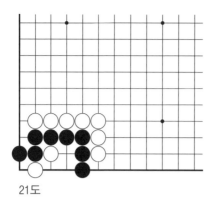

21도

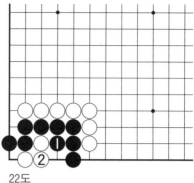

22도

● 곡사궁의 빅 모양을 유도한다

21도 귀의 흑이 역시 어려움에 처해 있습니다. 한 수만 잘못 처리해도 전체가 전멸하는 위험에 놓여 있는 것이죠.

22도 흑1로 무심코 몰았다가는 백2로 잇는 순간 4궁 모양으로 흑 전체는 몰살입니다. 여기서 흑은 빅을 만드는 수가 있습니다. 23도 흑1로 가만히 들어가는 수순입니다. 백2로 이으면 빅이 됩니다. a와 b는 서로 들어갈 수 없는 자리입니다. 흑이 들어가면 3궁으로 죽으며, 백이 들어가면 흑이 넉점을 잡으며 곡사궁으로 살게 됩니다. 그래서 이 상태로 빅인 거죠.

그런데 24도 흑이 자기 집을 메우는 게 싫다고 손을 빼면 어떻게 될까요? 그럼 역시 안 됩니다. 이제는 백이 먼저 1의 자리를 차지합니다. 이것으로 죽음의 5궁(오궁도화)입니다. 만약 흑2로 반발해도 백3으로 이으면 이제는 4궁 모양으로 흑은 살 수 없습니다.

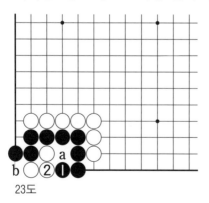

23도

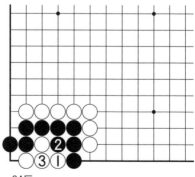

24도

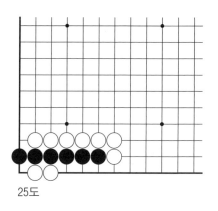

25도

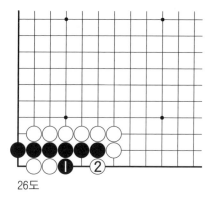

26도

●직사궁의 빅 모양을 유도한다

25도 흑이 2선에 한 줄로 늘어서 있는 모양입니다. 얼핏 흑이 잡힌 것 같지만 잘 살펴보면 살아가는 좋은 수순이 있습니다. 26도 흑1이면 당연히 백2로 한 집을 없애 흑이 잡혀버립니다.

27도 흑1로 궁도를 넓히는 것이 좋은 수순입니다. 다음 2의 자리가 분리된 두 집의 급소이므로 백2는 필연의 공격입니다. 그런데 이것으로 빅 모양입니다. a와 b는 서로 들어갈 수 없습니다. 흑이 들어가면 3궁으로 잡히며, 백이 들어가면 직사궁이 되어 흑이 사는 거죠. 그렇기 때문에 이런 모양을 직사궁의 빅이라 합니다.

구체적인 예로 28도 만약 백이 △로 메운 후 1로 단수해 흑을 잡자고 하면 흑2로 따내 직사궁 모양이 됩니다. 이제 눈에 들어오나요?

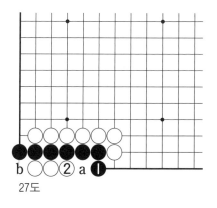

27도

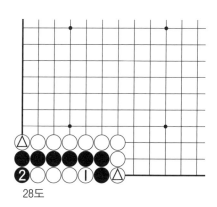

28도

익힘 문제

■ 흑을 살리는 데 최선의 수순을 찾아보세요. (2~3수 놓아보세요.)

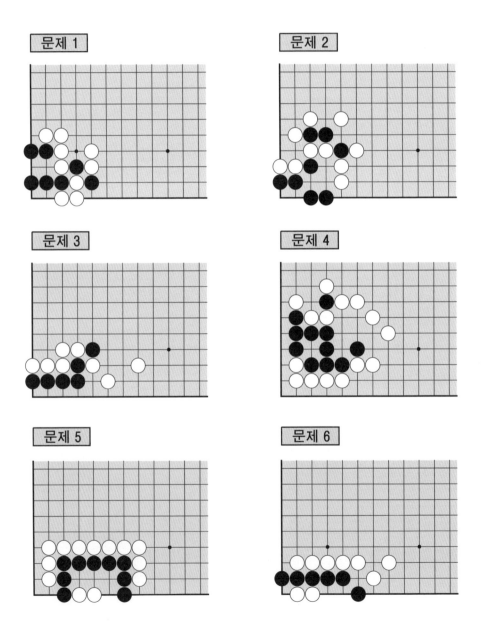

문제 1

문제 2

문제 3

문제 4

문제 5

문제 6

☞ Tip 선수 활용으로 살리거나 빅을 만들어보세요.

해답 1

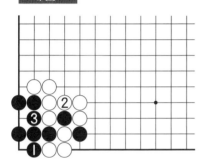

해답 2

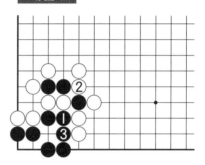

해답 3

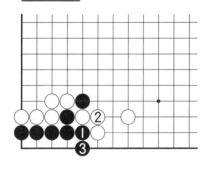

해답 4

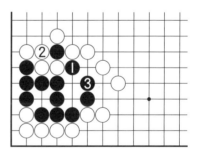

해답 5

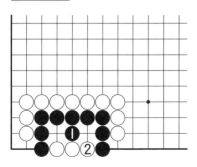

해답 6

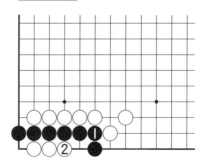

■ 유용한 바둑 격언

3선에 있는 돌은 키워 죽여라: 3선의 돌에 단수쳐 오면 두점으로 키워 버리는 것이 효과적이다.

축을 모르고는 바둑을 두지 마라

빵따냄은 30집: 그 만큼 가치가 크다.

적의 급소는 나의 급소

중앙에 집 없다: 집을 지으려면 귀와 변이 유리하다.

수상전은 밖에서부터 채워라: 보통 공배를 메울 때 바깥부터 안의 순서로 한다.

좌우동형은 중앙이 급소

육사팔활: 2선에 한 줄로 6개의 돌이면 죽고 8개의 돌이면 산다.

1선에 묘수 있다

2·1에 묘수 있다

초심자는 단수부터 친다: 그러면 돌을 잡고도 바둑에는 진다.

끊을 수 있는 곳을 들여다보지 마라: 그러면 상대가 이어버려 손해이지 않는가.

축보다 장문이 낫다: 축은 축머리가 있지만 장문은 한번에 잡지 않는가.

큰 곳보다 급한 곳부터 두라

두터움을 집 짓는 데 사용하지 마라: 두터움을 이용해 공격하며 집을 짓는 것이 백배 낫다.

초반에 팻감 없다: 보통 초반의 패는 먼저 따내는 쪽이 유리하다.

2선은 패망선, 3선은 실리선, 4선은 세력선: 따라서 2선을 기지 말고 4선을 밀지 마라

대마불사: 하늘이 무너져도 솟아날 구멍이 있다.

요석과 폐석을 구별하라: 이용가치가 없는 돌은 버려라.

일석이조(一石二鳥): 이런 곳을 두는 것이 효과적이다.

축으로 잡은 돌은 서둘러 따내라: 그럼 축머리를 이용당하지 않는다.

빈삼각과 바보사각, 그리고 삿갓형은 우형: 4궁의 사활에서 바보사각형은 그 자체로 죽음이고, 삿갓형은 급소에 치중하면 죽음이다. 셋다 뭉친 꼴이라 우형이다.

남의 집이 커 보이면 진다

손 따라 두면 진다

수수를 줄이려면 먹여치기를 활용하라

한칸 뜀에 악수 없다

일방가로는 이길 수 없다: 적당히 싸워가며 집을 짓는 것이 좋다.

두터움에 가까이 가지 마라

기자절야(棋者切也): 바둑은 우선 끊고 보라. 그래야 싸움이 되는 법.

3장

왕초보
수읽기

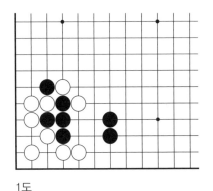

1도

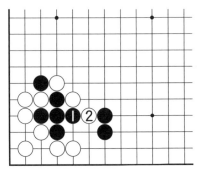

2도

●단수 후에 탈출하기

바둑 고수들이 한결 가장 중요시하는 것은 바로 수읽기의 힘이라고 합니다. 이제 바둑을 막 배우기 시작한 왕초보 여러분은 수읽기의 기본이 되는 3수 수읽기에 대해 몇 가지 방법으로 연습해봅니다.

1도 지금 흑 넉점이 갇혀 있는데요. 흑이 어떻게 두어야 탈출이 가능할까요? 2도 흑1로 오른쪽과 연결을 꾀하는 것은 백2로 당장 단수로 몰립니다. 3도 흑1 역시 마찬가지로 백2로 단수를 치면 흑이 잡힙니다. 이처럼 단순한 수로는 잘 안됩니다.

그래서 여기서는 수읽기의 힘이 필요한 겁니다. 4도 흑은 먼저 1부터 백한점을 단수친 다음 3으로 백 한점을 몰고 나오는 게 정확한 수순입니다. 이런 과정이 모두 수읽기의 힘이고 연습을 통해 익혀두어야 합니다.

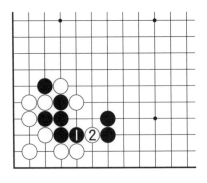

3도

4도

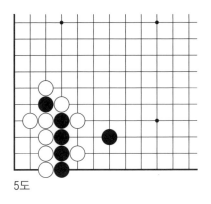

5도

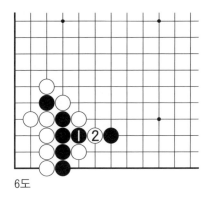

6도

● 무작정 연결을 시도하면 실패한다

5도 나란히 있는 흑 넉점을 살리려면 오른편과 연결시켜야 합니다. 그런데 6도 흑1로 무작정 연결을 시도하는 것은 백2로 막혀 단수에 몰립니다. 여기서 흑은 넉점을 탈출시킬 수 있는 수읽기를 해야 합니다.

한번 천천히 모양을 살펴 생각해보면 상대의 단점을 찾을 수 있습니다. 그리고 그 단점을 이용해 탈출하는 겁니다. 7도 흑1로 상대의 약점을 먼저 추궁하는 것이 정확한 수순입니다. 백은 2로 이을 수밖에 없고, 이때 흑3으로 다시 한 번 백 한점을 단수로 몰면 탈출에 성공합니다.

만약 8도 흑1에 백2로 반발한다면 어떻게 할까요? 그렇다면 흑은 3으로 때려냅니다. 이 순간 중앙이 뻥 뚫려 백의 무리한 공격임이 드러납니다. 연결은 허용해도 백은 7도의 2로 잇는 게 정수입니다.

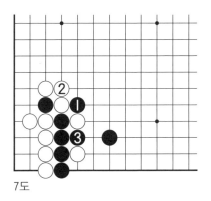

7도

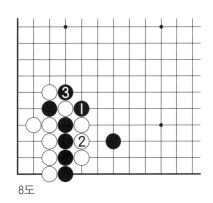

8도

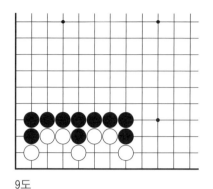

9도

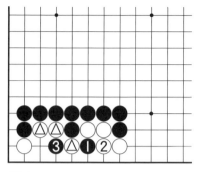

10도

상대의 약점을 추궁하는 수읽기

수읽기의 장점은 한 번만 성공해도 큰 이득을 볼 수 있다는 것입니다. 지금 9도 백이 짭짤한 실리를 챙기고 터를 잡은 것 같지만 많은 약점을 안고 있습니다. 이를 추궁하기 위해서는 정확한 수읽기가 필요한데요.

10도 흑1로 끊으며 추궁해가는 것이 수순입니다. 다음 재차 흑3으로 양단수치는 것이 하이라이트입니다. 백은 꼼짝없이 백△들 가운데 한 곳은 잡힙니다. 그러면 흑은 아주 큰 이득을 얻게 되죠. 11도 흑1쪽에서 끊어도 비슷한 결과입니다. 계속해서 흑3으로 백△들을 양단수로 몰아 성공입니다.

물론 상황에 따라 10도나 11도 가운데 더 나은 방법이 있지만, 지금 여러분은 둘 중 어떤 선택을 해도 좋습니다. 지금은 일단 이 정도만 알아도 아주 큰 소득을 얻은 거니까요. 그러므로 앞으로 12도 흑1로 막아 백의 단점을 없애버리지는 않겠죠?

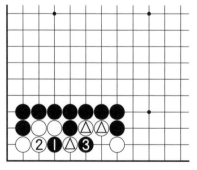

11도

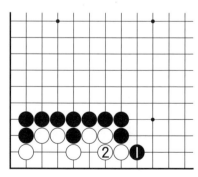

12도

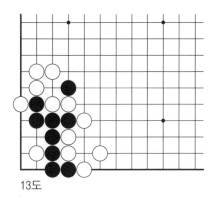

13도

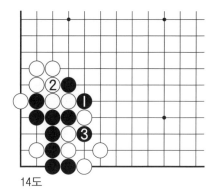

14도

●연속된 공격

우리 초보자는 3수 수읽기만 잘 해도 아주 큰 힘이 됩니다. 그러니 지금부터라도 3수 수읽기 연습을 게을리 하지 말고 조금만 더 집중해 상대의 약점을 추궁해 봅시다.

13도 귀의 흑은 자체로 잡혀 있습니다. 만일 살리면 다른 편의 약점을 추궁해야만 하는데요. 가만히 살펴보면 백은 치명적인 약점이 있습니다.

14도 흑1의 단수부터 수순을 밟아갑니다. 그런 다음에 흑3이면 백은 양단수로 몰립니다. 또 15도 흑1의 단수부터 결정해도 결과는 비슷합니다. 다음 흑3이면 백이 양단수에 몰려 흑은 위기를 극복할 수 있습니다.

만약 16도 흑1 때 백이 2쪽에서 단점을 보강한다면 흑은 3으로 그냥 백 두점을 잡으면 그만입니다.

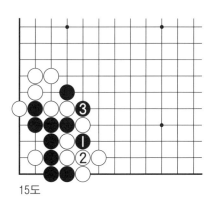

15도

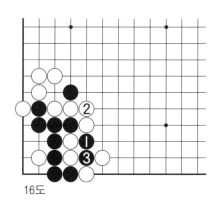

16도

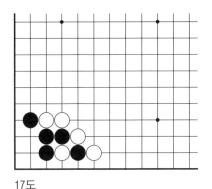

17도

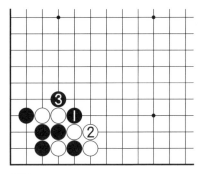

18도

● 단수치고 축으로 몰기

수읽기 과정에서 누가 얼마만큼 더 정확한지가 바둑의 승패를 결정할 만큼 중요합니다. 17도는 비교적 간단한 모양입니다. 지금 흑과 백 한점이 각각 단수가 되어 있지만, 백은 어딘가 모르게 흠집이 더 있어 보입니다. 이 단점을 찾아내어 추궁한다면 흑이 가장 좋은 결과를 얻을 수 있습니다.

18도 흑1의 단수가 좋은 출발입니다. 백2면 흑3으로 두점을 축으로 잡습니다. 19도 흑1 때 백2로 따낼 수도 있습니다. 그래도 흑은 3으로 백 두점을 축으로 잡으면 됩니다. 18도의 백2나 19도의 백2는 주위 상황에 따라 잇거나 따낼 수 있습니다. 지금은 두 경우 모두 백이 선택할 수 있습니다.

처음으로 돌아와, 20도 흑1로 한점을 잡는 것은 부족한 수읽기입니다. 백2로 잇게 되면 백의 외곽이 두터워집니다.

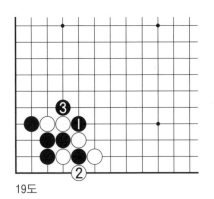

19도

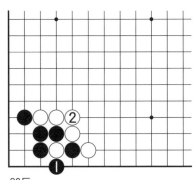

20도

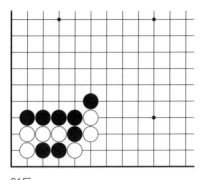

21도

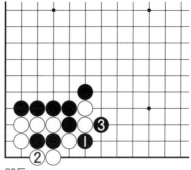

22도

●축은 모는 방향이 중요하다

지금 3수 수읽기 연습을 하고 있습니다. 첫수에 선수 활용을 잘 하면 멋진 결과를 얻을 수 있습니다. 21도 역시 조금만 살펴보면 백의 약점이 눈에 들어옵니다.

22도 흑1의 단수부터 정확한 진행이며 다음 흑3이면 백 두점을 축으로 잡습니다. 올바른 수순으로 흑은 큰 소득을 얻었습니다.

그런데 처음 수순을 잘 밟아놓고 23도 흑1쪽에서 백 두점을 축으로 몰아가는 것은 잘못된 방향입니다. 오히려 순식간에 흑▲ 한점이 단수로 몰립니다. 〈1권 입문하기〉에서 배웠듯이 축은 몰아가는 방향이 아주 중요하죠.

이런 백의 단점을 모두 뒤로 하고 24도 흑1로 두면 백2로 지켜 흑의 불만입니다.

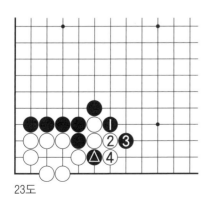

23도

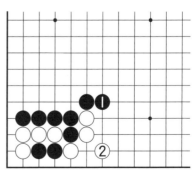

24도

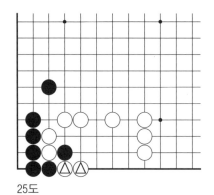

25도

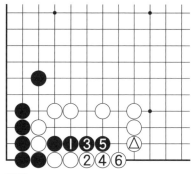

26도

단수치고 장문으로 잡기

25도 백△ 두점을 잡아보세요. 이것 역시 3수 수읽기입니다. 집중해서 문제를 쳐다보면 조금씩 눈에 들어오게 됩니다. 〈1권〉에서 배운 장문을 활용하는 방법인데요. 단번에 장문이 되는 것은 아닙니다.

그렇다고 26도 흑1부터 5까지 계속 몰아가는 것은 백△가 역할을 해 백이 모두 이어갑니다. 27도 흑3 다음 뒤늦게 5로 장문 씌우면 백6으로 넘어갑니다. 역시 백△의 역할이죠.

지금은 오직 한 수밖에 없습니다. 28도 흑1로 단수치고 3으로 장문 씌우는 것입니다. 이 수순으로 백은 꼼짝 못하게 되었습니다. 이후 백이 a로 움직인다면 흑b로 막아 당장 백을 단수로 몰 수 있습니다. 지금은 백이 △와 거리가 있어 연결이 안 됩니다.

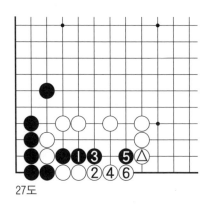

27도

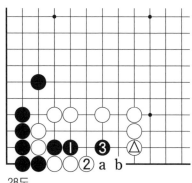

28도

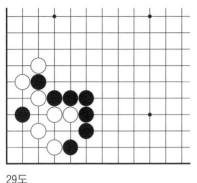

29도

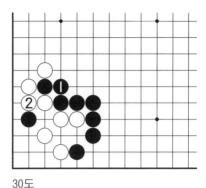

30도

●약점을 활용한 후 환격으로 유도한다

수읽기는 최선의 수순을 찾아가는 과정인데요. 지금 배우는 건 초보 수읽기입니다. 수읽기의 가장 기본이 되는 3수 수읽기를 잘 연습하면 좋은 바둑을 둘 수 있습니다. 특히 동급들과 둘 때는 월등한 실력 향상을 느낄 겁니다.

29도 백의 모양이 어딘가 모르게 허술합니다. 약점이 있다는 뜻이지요. 30도 단순히 흑1로 한점을 잇는 것은 아무 생각 없는 하수의 발상이고요. 백2로 약점을 보강하면 그만입니다.

31도 흑1로 백의 약점을 집요하게 추궁하는 것이 아주 좋은 수순입니다. 백2로 이으면 흑3의 통쾌한 환격으로 백 두점을 잡습니다.

또 32도 흑1 때 백2로 환격을 방어하면 이번에는 흑3으로 그냥 백 한점을 따내 이건 백의 손해가 더 커집니다.

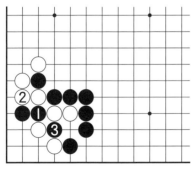

31도

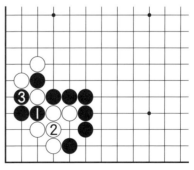

32도

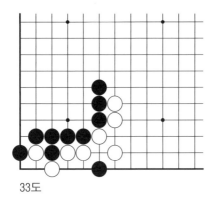

33도

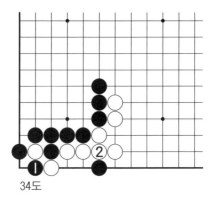

34도

🔴 수읽기의 힘은 좁은 데까지 미친다

33도 백 모양이 좁아 별다른 수가 없을 것 같습니다. 그런데 수읽기의 힘은 이런 좁은 데까지 영향을 줍니다. 지금도 마찬가지. 백의 모양을 잘 살펴보면 약점이 보이는데요.

34도 흑1로 백 한점을 잡으면 된다고요? 물론 이 한점도 작은 건 아니지만 흑은 더 멋진 수순이 있습니다.

35도 흑1부터 본진의 뿌리를 끊어가는 게 아주 좋은 결정입니다. 백2로 이을 수밖에 없을 때 흑3이면 더 큰 이득을 얻습니다. 36도 흑3으로 단수쳐도 비슷한 결과입니다. 백이 a에 이으면 흑b로 따내 그만입니다. 36도의 흑3으로 백을 잡는 방법도 좋지만 지금은 35도의 흑3을 추천합니다. 그 이유는 바둑 실력이 조금 더 늘어나면 저절로 알게 됩니다.

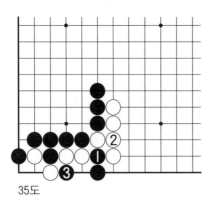

35도

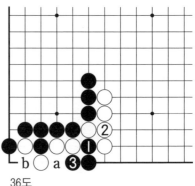

36도

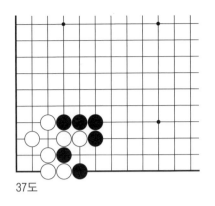

37도

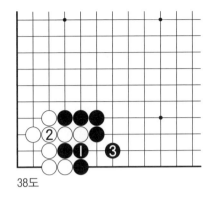

38도

3수로 연결하기

우리는 이전에 연결하기를 배웠습니다. 연결에는 다양한 방법이 있었습니다. 지금은 3수 수읽기로 연결하는 방법을 학습해 보겠습니다.

37도 백의 미묘한 약점을 활용해 끊어질지 모르는 흑 두점을 살려나오는 문제인데요. 38도 먼저 흑1로 백의 약점을 단수칩니다. 그리고 흑3으로 '호구이음' 하면 백점 수읽기입니다.

39도 흑3으로 '꽉이음'은 지금 장면에서는 약간 부족합니다. 우측으로 흑이 발전하는 데 38도의 호구이음보다 발이 느립니다.

이 부근에서 만약 흑이 손을 뺀다면 40도 백은 1의 선수 한방으로 이득을 볼 수 있습니다. 지금까지 흑의 효과적인 연결 방법을 3수 수읽기로 연습해 보았습니다.

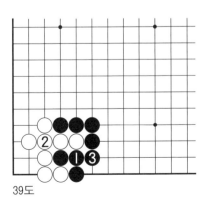

39도

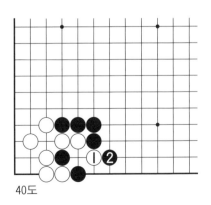

40도

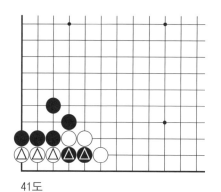

41도

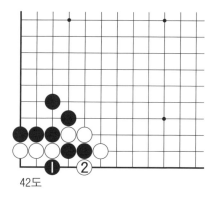

42도

🔴 수상전이 안 되면 약점을 공격하라

계속되는 3수 수읽기 연습입니다. 41도 언뜻 보면 백△ 석점과 흑▲ 두점이 수상전의 모양을 하고 있습니다. 이 정도는 여러분도 흑은 2수, 백은 3수라고 이미 알고 있을 것입니다. 따라서 흑이 지는 걸로 생각하겠지요.

만약 42도 흑1로 수를 줄여온다면 백은 2로 먼저 흑 두점을 단수로 몰수 있습니다. 역시 수상전으로는 흑이 안 되겠지요. 그렇다면 흑은 다른 방법을 찾아야 하는데요. 다행히 백 모양은 치명적인 약점을 안고 있습니다.

43도 흑1의 단수부터 백을 몰아가는 수순이 멋집니다. 다음 흑3으로 백한점을 잡으면 수상전에 관계없이 흑은 망외의 큰 소득을 얻었습니다.

이 장면에서 44도 흑1로 모는 바보는 없겠지요? 그러면 백2로 잇는 순간 게임 끝입니다.

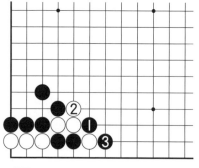

43도

44도

■ 백의 약점을 찾아 최선의 수순을 찾으세요. (3수 표기)

문제 1

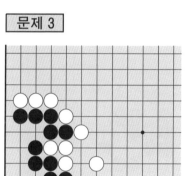

문제 2

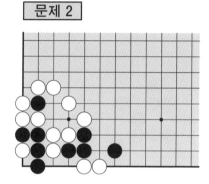

문제 3

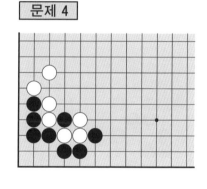

문제 4

문제 5

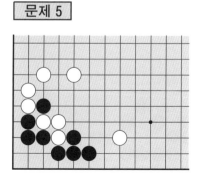

문제 6

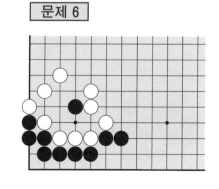

☞ Tip 단수되는 곳을 활용해 보세요.

해답 1

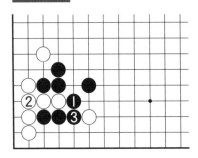

해답 2

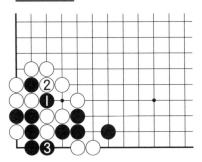

해답 3

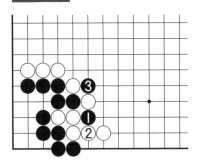

해답 4

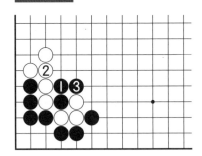

해답 5

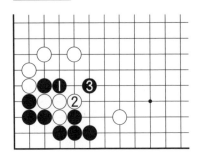

해답 6

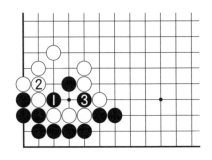

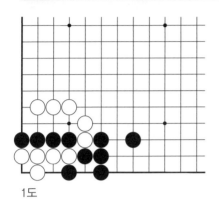

1도

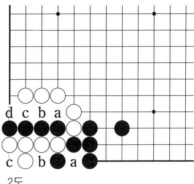

2도

●우선 공배의 수를 파악하라

서로가 두 집이 없고 갇혀 있는 상황이라면 수상전이 되는데요. 수상전은 우선 서로의 공배 개수를 파악해야 합니다. 1도 귀에 갇혀 있는 흑 넉점과 백 다섯점이 수상전을 벌이고 있습니다. 누가 승자가 될까요?

2도 백의 공배는 a, b, c의 3개이고, 흑은 a, b, c, d의 4개입니다. 따라서 흑이 수상전에서 1수 빠르다는 결론이 나옵니다. 따라서 흑은 손을 빼고 다른 데 두어도 좋습니다. 흑은 굳이 여기에 가일수를 할 필요가 없는 것이죠. 3도 백1로 수를 줄여올 때 흑2부터 수를 줄여가도 충분한 것입니다.

그런데 만약 4도 백△가 놓인다면 이제는 각각 3수이므로 흑은 손을 뺄 수 없습니다. 흑1의 가일수가 필요하지요.

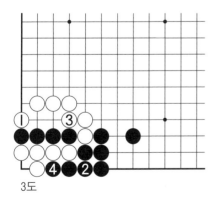

3도

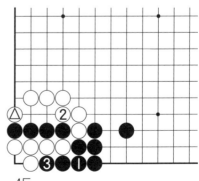

4도

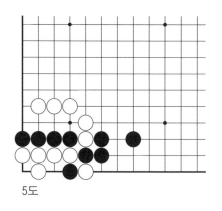

5도

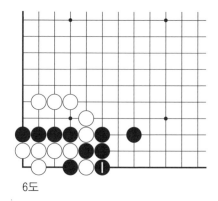

6도

●수상전에서 착각은 금물

수상전에서 착각은 금물입니다. 5도는 앞에서 배운 수상전과 약간 모양이 다릅니다. 6도 흑1로 한 수 따내야 하는 과정이 앞에서 배운 모양과 다릅니다. 그러므로 5도 백의 공배는 4개로 늘어납니다.

애초 흑의 공배는 4개였고 이 백의 공배도 4개로 늘어났으니, 이제 먼저 두는 쪽에서 수상전의 승자가 되는 겁니다. 따라서 앞에서와는 달리 지금은 흑이 손을 뺄 수 없습니다. 공배의 개수가 서로 같기 때문입니다.

그래서 6도에 이어 7도 백1로 수를 줄일 때 흑은 계속해서 2 이하 4까지 두어 백을 잡아야 합니다.

만약 8도 백△가 놓여 있다면 이제는 백이 손을 빼도 되겠지요. 흑은 공배가 3개이고, 백은 4개이므로 이 수상전은 백의 승리입니다.

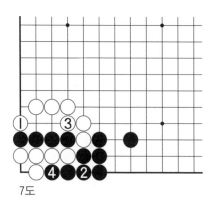

7도

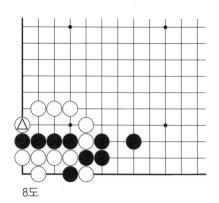

8도

● 손을 빼도 되는 수상전

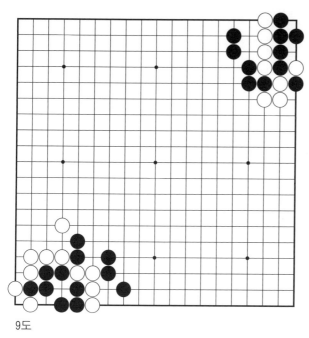

9도

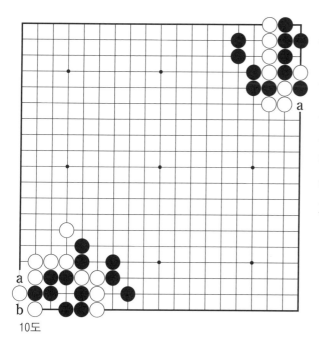

10도

수상전이 벌어지면 공배의 개수를 먼저 파악하는 게 제일 중요하다고 배웠습니다.

지금 9도의 좌하귀와 우상귀는 흑이 손을 빼도 상관없는 모양입니다. 수상전에서 한 수라도 빠르면 손을 빼고 다른 곳으로 향하는 것이 것이 매우 중요합니다.

10도 좌하귀는 백이 a와 b를 메우고 들어와야 하므로 흑은 공배가 4수이고, 백은 3수입니다. 우상귀는 백이 a를 따내고 들어와야 하므로 흑의 공배는 4수이고, 백은 3수입니다. 그러므로 흑은 모두 손을 빼고 다른 곳을 선점해도 좋습니다.

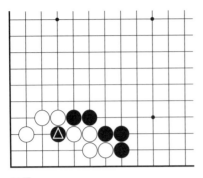

11도

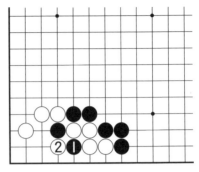

12도

●공배 늘리는 방법

11도 귀에 갇혀있는 흑▲ 한점을 잘 활용하면 공배를 늘릴 수 있습니다. 이 방법을 이번에 배워둔다면 앞으로 많은 활용을 할 수 있을 것입니다.

12도 흑1은 마음이 급한 나머지 성급하게 백의 공배를 줄이려는 생각입니다. 그러면 당장 백2의 반격을 받아 흑이 먼저 잡히죠.

13도 흑1로 가만히 내려서는 게 공배를 늘리는 요령입니다. 이 수로 흑은 공배가 4개로 늘어났습니다. 이렇게 가만히 뻗는 수가 공배를 늘리는 데 많이 이용되므로 잘 기억해두기 바랍니다.

갑자기 흑은 공배가 4개, 백은 3개가 되었습니다. 그럼 이 수상전은 흑의 승리이겠죠? 14도 백1로 수를 줄여도 흑2면 흑이 한 수 빠릅니다.

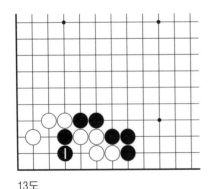

13도

14도

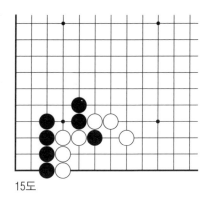

15도

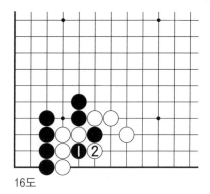

16도

● 수상전에서 공배 늘리기를 생각하라

수상전이 벌어지면 먼저 서로 공배의 개수를 파악한 후 모자랄 때는 공배의 개수를 늘리는 방법을 생각해볼 필요가 있습니다. 공배를 늘려놓으면 수상전에서 유리한 고지를 선점할 수 있기 때문이죠.

15도 지금 흑의 공배는 2개, 백의 공배는 3개입니다. 본격 수상전으로는 흑이 안 되므로 수를 늘리려는 생각을 해볼 필요가 있습니다. 16도 흑1로 직접 수를 줄여가는 것은 백2로 먼저 당합니다. 수상전은 바깥공배부터 메우는 것이라고 배운 대로 17도 흑1도 백2로 잡혀 역시 흑의 실패입니다.

그러므로 흑은 더욱 고급 수법을 떠올려야 하는데요. 18도 흑1의 내려섬이 수를 늘려주는 멋진 수법입니다. 이 한수로 흑은 공배가 4개로 늘어났습니다. 이제는 수상전에서 흑이 당연히 승리할 수 있습니다.

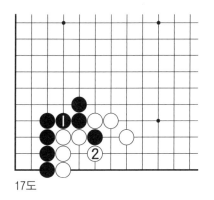

17도

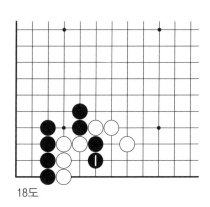

18도

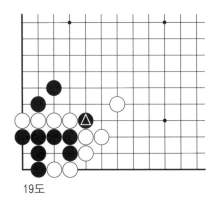

19도

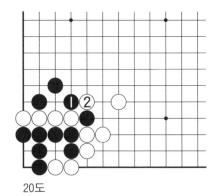

20도

●성급하게 수를 줄여서는 안 된다

19도의 수상전은 어떻게 될까요? 수상전에선 항상 공배의 개수를 세야 한다고 했습니다. 지금 백의 공배는 단순히 보이는 대로만 따지면 3개입니다. 하지만 지금은 흑▲가 위험하므로 정상적인 공배만 계산해서는 안 됩니다.

20도 흑1로 바로 공배를 줄여가는 것은 백2로 당장 한점이 잡혀 흑이 곤란합니다. 기둥 말인 흑 한점이 잡혀버렸기 때문이죠. 그러므로 흑은 먼저 이 한점을 살려놓고 수상전을 생각해야 합니다. 21도 흑1로 살려놓고 보더라도 흑의 공배는 백이 a 자리에 메우고 들어와야 하므로 4수가 됩니다. 백은 3수. 그러므로 이 수상전은 흑이 한 수 빠릅니다.

흑이 1수 빠르다고 만약 이곳에서 흑이 손을 빼는 것은 22도 백1로 흑한점이 잡혀 말이 안 되겠죠?

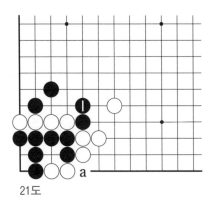

21도

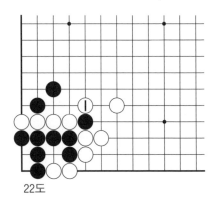

22도

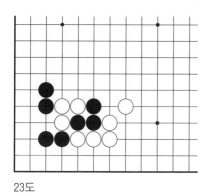

23도

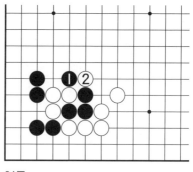

24도

●자기 단점을 먼저 살펴라

수상전에서는 조금만 생각하면 유리한 진행인 데도 불구하고 너무 급하게 서두른 나머지 수순을 그르치는 경우가 많습니다. 지금 23도 역시 흑이 자칫 잘못 응수하면 어려움에 처할 수 있습니다.

24도 흑1로 바로 잡자고 덤비는 것은 성급합니다. 그러면 백2로 흑 석점이 먼저 잡혀 흑이 망한 모습입니다. 자기 단점을 먼저 보살피지 않고 무턱대고 상대를 압박해간 결과입니다. 여기서 흑이 조금만 생각해보면 아주 좋은 수가 있습니다.

25도 흑1로 가만히 서는 것이 수의 늘림이며, 왼쪽 백의 탈출을 저지하는 아주 좋은 곳입니다. 이 수로 백은 꼼짝 못하게 되었고, 흑은 수상전에서 쉽게 승리합니다. 26도 백이 탈출을 시도해보지만 어림없습니다.

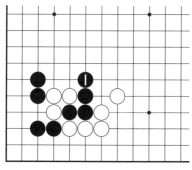

25도

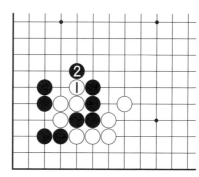

26도

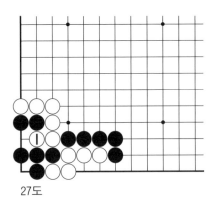

27도

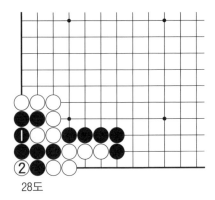

28도

꼬랑지를 버리고 몸통과 승부하라

27도 백1로 흑 두점을 잡자고 했습니다. 이때 흑의 판단이 아주 중요한데요. 28도 흑1로 이으면 백은 기다렸다는 듯 2로 흑 전체를 따냅니다. 그러므로 흑은 이 두점의 꼬랑지를 포기하고 백의 몸통과 승부를 해야 합니다.

29도 흑1로 갇혀있는 백과 먼저 수상전을 벌이는 것이 올바른 판단입니다. 그러면 백이 단수에 몰려 흑이 수상전에서 1수 빠릅니다. 계속해서 30도 백2로 흑 두점을 잡으면 흑3으로 백의 몸통을 잡을 수 있습니다.

흑이 작은 걸 버리고 큰 것을 얻은 결과입니다. 이처럼 수상전에서 공배의 개수가 부족한데도 꼬리까지 살리려고 자기의 수를 메우는 경우가 종종 있습니다. 그러므로 먼저 공배의 개수를 확인하는 것이 아주 중요하겠죠?

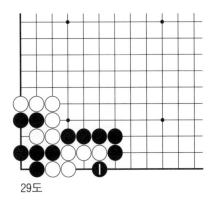

29도

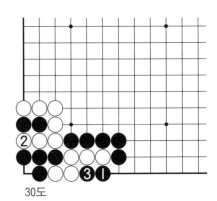

30도

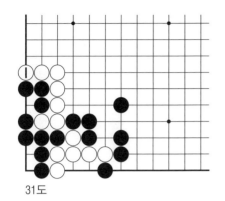

31도

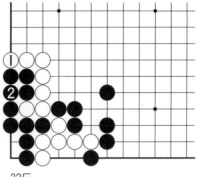

32도

●전체 공배의 수를 먼저 세어보라

31도 백1로 흑 석점을 단수친 장면입니다. 이때 흑은 먼저 전체를 살피고 석점을 이었을 때 자기의 공배가 얼마나 있는지 반드시 확인해야 합니다.

그럼 처음부터 서로의 공배를 세어보겠습니다. 먼저 31도 백1을 놓기 전에 흑의 전체 공배는 몇 개일까요? 백1 자리를 포함해 4개입니다. 백의 공배는 3개죠. 모두 확인이 되었나요? 〈1권〉에서 배운 활로를 생각하면 금방 이해할 겁니다. 수상전에서는 보통 활로 대신 공배로 표현하니까요.

그런데 32도 백1에 흑2로 잇는 순간 흑의 공배는 2개로 변했네요. 흑은 이 자체로 잡혔습니다. 그러므로 33도 백1 때 흑은 석점을 버리고 2부터 백의 수를 줄여야 합니다. 34도 백△에 흑이 손을 뺄 수는 없습니다. 공배가 같은 3수이므로 먼저 두는 쪽이 승리할 수 있기 때문이죠. 만일 손을 빼면 백3까지 흑이 잡히는 걸 확인할 수 있죠.

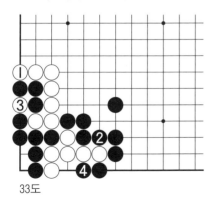

33도

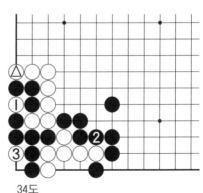

34도

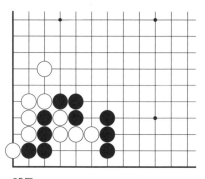

35도

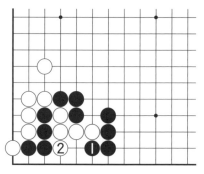

36도

● 수를 줄여가는 방향이 중요하다

수상전에서는 수를 줄여가는 다양한 방법이 있습니다. 공배를 메워가더라도 효과적인 수들이 참 많다는 뜻입니다.

35도 흑과 백의 넉점이 수상전을 벌이고 있는데요. 흑은 공배가 3개, 백은 공배가 4개입니다. 공배의 수로만 보면 흑이 안 되지만, 흑은 자체 공배를 늘리며 백의 공배를 줄이는 멋진 방법이 있습니다.

36도 흑1쪽에서 들어가는 것은 오직 백의 공배만 줄이므로 흑은 수상전에서 이길 수 없습니다. 37도 흑1도 역시 마찬가지입니다. 백2, 4면 흑이 먼저 잡힙니다.

흑의 정확한 응수는 38도 흑1의 방향입니다. 이 수로 흑은 공배가 늘어나면서 백의 공배를 메우는 거죠. 그런 다음 흑3이면 백이 먼저 잡힙니다.

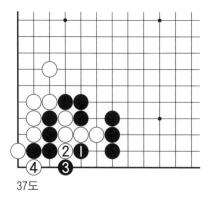

37도

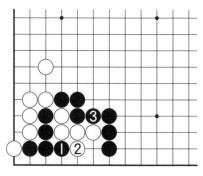

38도

▓ 흑의 최선의 수상전 요령을 찾아보세요

문제 1

문제 2

문제 3

문제 4

문제 5

문제 6

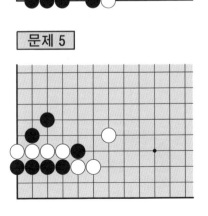
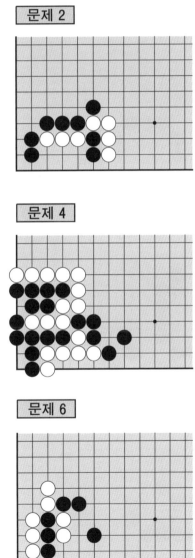

☞ Tip 먼저 단점이나 공배의 개수를 파악해 보세요.

해답 1

해답 2

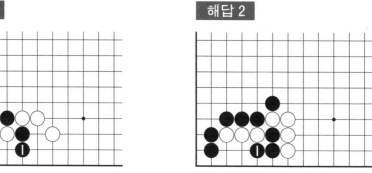

해답 3

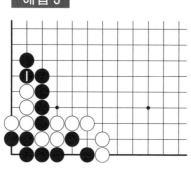

해답 4

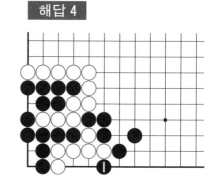

해답 5

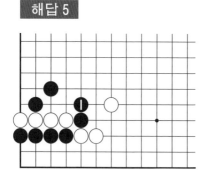

해답 6

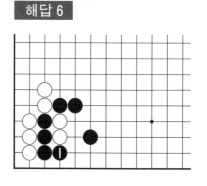

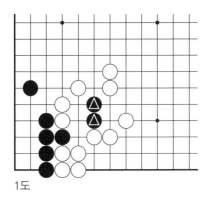

1도

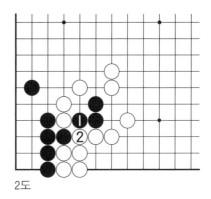

2도

●선수 활용 후 연결하기

바둑에서 '선수'라는 것은 아주 중요합니다. 이 선수를 바탕으로 주도권을 잡을 수 있습니다. 또, 선수를 활용해야 위기에서 벗어나는 경우도 많구요. 그런 만큼 선수를 잡았다 해도 잘 활용해야 그 가치가 높습니다. 가일수하지 않아도 되는 자리를 괜히 겁먹고 착수해서 후수를 잡는다면 바둑에서 좋은 결과를 얻기 힘듭니다.

1도 흑▲ 두점이 백진에 갇혀 위험합니다. 2도 흑1로 연결을 시도하면 백2로 너무 쉽게 끊어집니다. 살려나올 수 없지요.

3도 흑1을 선수하고 백2로 이으면 흑3으로 연결하는 것이 올바른 수순입니다. 만약 4도 흑1에 백2로 연결을 차단하면 이번에는 흑3으로 백 넉점을 잡아 크게 이득을 봅니다.

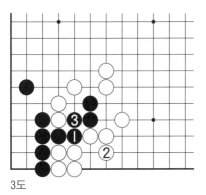

3도

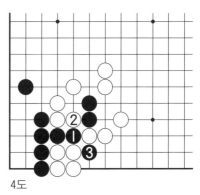

4도

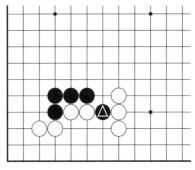

5도

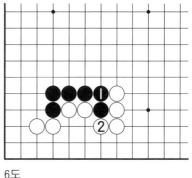

6도

●효과적인 선수 활용을 위해 3수 수읽기를 적용하라

5도 흑▲를 활용하여 백집을 깨뜨리는 수순이 있습니다. 선수로 활용하는 것이 포인트인데요. 6도 흑1은 잔뜩 겁먹은 선택입니다. 백2로 막으면 알토란같은 백집이 완성됩니다. 이건 선수 활용이랄 것도 없지요. 흑은 좀 더 상대의 집을 부수는 용감한 활용을 생각해봐야 합니다.

7도 흑1로 먼저 백 두점을 노리는 것이 포인트입니다. 백은 당장 두점이 잡히므로 2로 보강할 수밖에 없습니다. 그때 흑3으로 이으면 하변 백집은 일거에 부서집니다. 이처럼 3수 수읽기를 적용하면 효과적입니다.

8도 백2로 받아도 흑3을 재차 선수한 다음 5로 이으면 역시 하변 백진의 둑이 무너집니다. 6도와 비교해보면 선수 활용이 얼마나 유용한지 이해할 수 있겠죠?

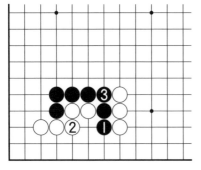

7도

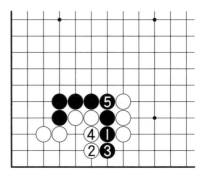

8도

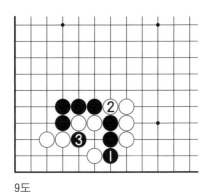

9도

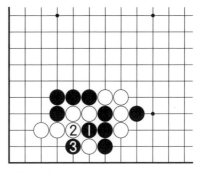

10도

●반발에 따른 올바른 대처 방법

앞의 모양에 대해 좀 더 살펴보겠습니다. 만약 흑1(8도 흑3)에 백이 2로 끊어 강하게 반발해 오면 어떻게 할까요? 그렇다면 이번에는 흑3으로 단수 쳐 백 두점을 잡을 수 있습니다.

만약 10도 흑1 다음 3으로 백 한점을 잡으면 위험합니다. 계속해서 11도 백은 1로 몰아가며 3으로 막아 흑을 공격합니다. 그러면 흑이 두 집이 없으므로 잡힌 모습입니다. 그러므로 9도 흑3으로 백 두점을 잡는 것이 올바른 대처 방법입니다.

12도 흑1에 백2로 받아도 별 효과는 없습니다. 이번에는 흑3의 선수 활용이 멋지고 백4의 보강을 기다려 흑5로 연결하면 역시 하변 백진은 볼품 없이 부서집니다.

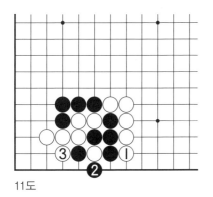

11도

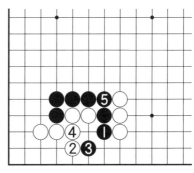

12도

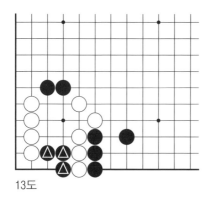

13도

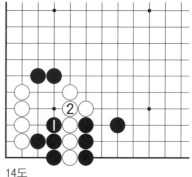

14도

갇힌 포로 석점을 구출하기

바둑에서 선수는 내가 둔 수에 상대가 거의 무조건 받아야 함을 의미합니다. 그러므로 선수만 잘 활용해도 판을 유리한 쪽으로 주도해서 이끌어갈 수 있습니다. 또한 선수는 자신이 불리할 때도 단번에 전세를 바꿔놓을 수 있는 힘을 갖고 있습니다.

13도 흑▲ 석점이 포로로 갇혀 있습니다. 선수를 활용하며 이 석점을 구출해야 하는데요. 약간의 수읽기가 필요합니다.

14도 흑1이 분명 선수인 것은 맞지만, 지금은 백2로 잇는 순간 다음수가 없습니다.

15도 흑1로 나와도 백2로 막혀 그만이고, 16도 흑1로 기교를 부려도 백2로 막으면 흑은 살아갈 방법이 없습니다. 그러므로~

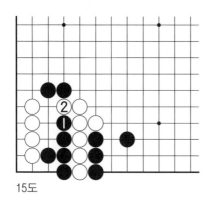

15도

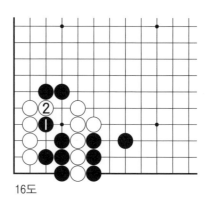

16도

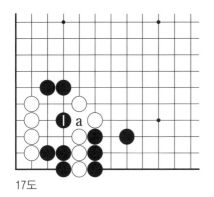

17도

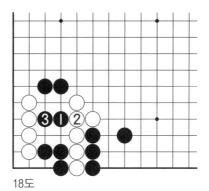

18도

● 주위환경을 살린 선수 활용

17도 흑1로 들여다보는 것이 주위환경을 살린 선수입니다. 당장 단수는 아니지만 다음 흑a면 백 석점이 잡히므로 흑1은 무조건 선수입니다. 따라서 18도 흑1에 백은 2로 이을 수밖에 없습니다. 이때 흑3으로 '쌍립 연결'하면 흑은 무사히 살아갑니다. 이렇게 흑이 살아가면 이제 양쪽의 백이 끊어져 곤란해졌습니다. 이 모든 게 흑이 선수 활용을 잘한 결과입니다.

만약 19도 흑1에 백이 2로 차단하려는 것은 뜻대로 되지 않습니다. 흑3으로 막는 순간 백이 먼저 단수가 되어 흑을 끊을 수가 없습니다.

처음으로 돌아와, 20도 흑1쪽으로 연결을 시도하면 어떻게 될까요? 그러면 백2로 붙이는 맥점이 있어 흑은 연결할 수 없습니다. a와 b가 맞보기입니다.

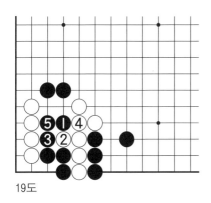

19도

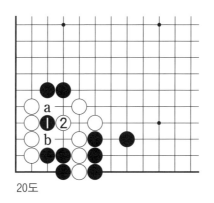

20도

● 선수와 후수 차이

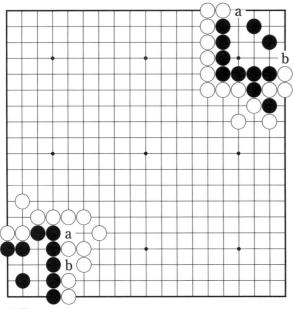

21도

선수의 의미는 상대가 응수할 수밖에 없는 자리를 두는 것이라고 배웠습니다. 반대로 후수는 내가 두었을 때 상대가 응수하지 않아도 되는 자리입니다.

21도 두 개의 그림이 있습니다. 현재 끝내기가 a와 b의 두 곳만 남아 있다고 가정해보면 흑은 어떤 수순을 밟는 것이 좋을까요? 선수란 걸 배웠기에 잘 생각해보면 쉽게 이해할 수 있습니다.

22도 흑1부터 선수하는 게 수순입니다. 백2를 기다려 흑3이면 흑이 두 곳을 모두 성공적으로 두었습니다.

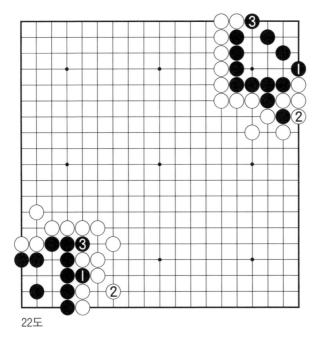

22도

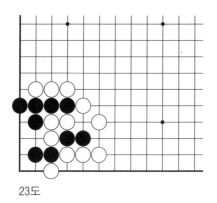

23도

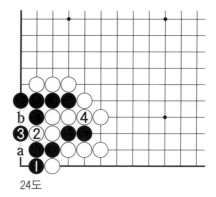

24도

● 선수의 힘

23도 귀의 흑이 잘못하면 사활에 걸릴 위험에 놓여 있습니다. 선수를 활용하면 멋지게 위험에서 벗어날 수 있습니다.

24도 흑1로 먼저 궁도를 넓히는 것은 백2를 당해 흑이 위험합니다. 백4 다음 a와 b의 곳은 모두 옥집이 됩니다. 이러면 흑이 살 수 없죠. 앞에서 옥집은 집이 아니라고 여러 번 배웠습니다.

25도 흑1로 우선 한 집을 만드는 것은 백2로 다음 한 집을 만들 수 없습니다. 말 그대로 한 집뿐입니다. 한 집 갖고는 살 수 있는 모습이 아니죠?

26도 흑1을 선수하는 것이 좋은 수순입니다. 백2로 이을 수밖에 없을 때 흑3으로 궁도를 넓힙니다. 이 모양은 직사궁으로 흑이 살아 있는 모습입니다. 선수라는 게 이렇게 좋은 결과를 가져다줍니다.

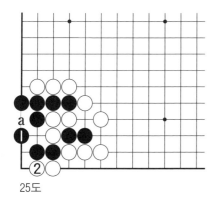

25도

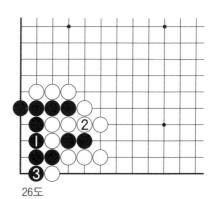

26도

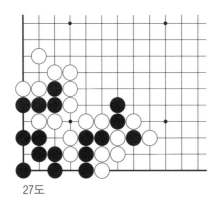

27도

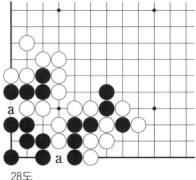

28도

●어느 돌을 먼저 살려야 할까?

27도 서로 돌이 얽혀 약간 복잡해 보입니다. 그런데 잘 살펴보면 흑은 위기에 처한 넉점을 모두 연결할 수 있습니다. 28도 a의 두 곳이 바로 위기의 장면인데요. 두 곳의 흑 넉점을 모두 살리려면 어느 곳인가 먼저 선수해야 합니다. 즉 효과적인 선수 활용으로 두 곳의 흑을 모두 살려내는 것입니다.

29도 먼저 흑1로 넉점을 살리는 것은 후수로 끝납니다. 백2면 다른 흑 넉점이 그대로 잡힙니다.

그러므로 흑은 30도 흑1을 먼저 살리는 게 수순입니다. 그러면 백은 2로 보강해야 합니다. 백이 여기를 지키지 않으면 흑2로 단수에 몰려 백 넉점이 잡힙니다. 흑은 백2의 응수를 기다린 후에 흑3으로 이쪽 넉점까지 연결할 수 있습니다.

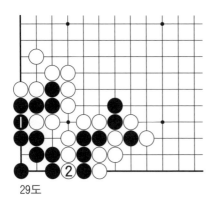

29도

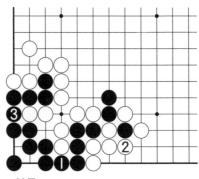

30도

▨ 흑이 최선의 수순으로 돌을 살리거나 잡아보세요. (3수 표시)

문제 1

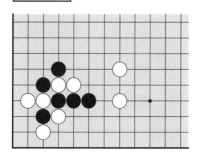

문제 2

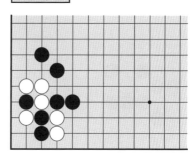

문제 3

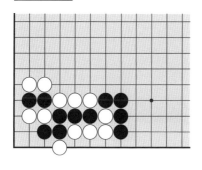

문제 4

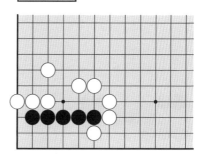

문제 5

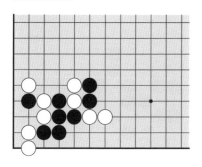

문제 6

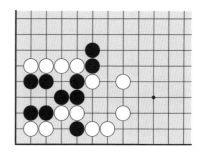

☞ Tip 선수 활용이 우선입니다.

해답 1

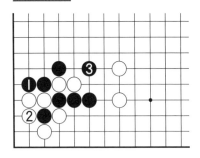

해답 2

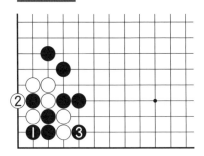

해답 3

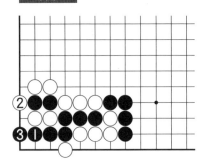

해답 4

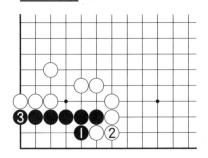

해답 5

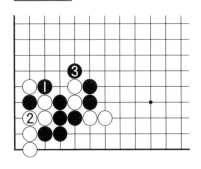

해답 6

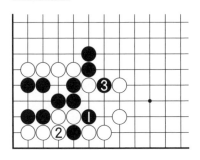

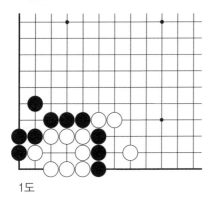

1도

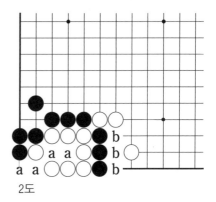

2도

●단순한 수상전으로는 안 된다

1도 흑과 백이 수상전을 벌이고 있습니다. 일반적인 수법으로는 흑이 지는 수상전으로 보입니다. 그 이유는 2도 백의 공배가 a의 4개, 흑의 공배가 b의 3개이기 때문이죠. 그러므로 흑이 먼저 두더라도 이길 수 없습니다.

3도 즉 흑1부터 메우기 시작하면 백2, 4로 알기 쉽게 흑이 1수 부족입니다. 바둑을 조금 배운 여러분이라면 좀 더 지혜롭게 4도 흑1의 패를 선택할 수 있습니다. 이 정도 두는 것만도 대단한 결과라고 자축할 수 있겠지만 이 역시 흑의 최선은 아닙니다.

흑은 백을 통째로 잡는 더 좋은 수가 있습니다. 맥점의 발견이랄까요. 이런 맥점을 차츰 배워 가면 바둑에서 희열을 맛볼 수 있습니다. 계속해서~

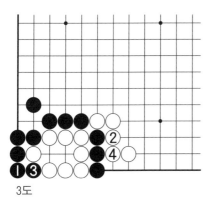

3도

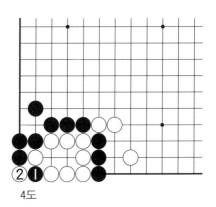

4도

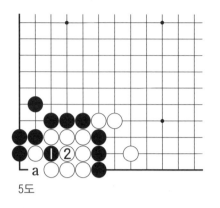

5도

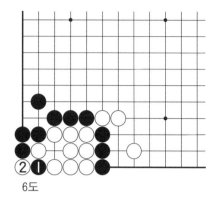

6도

●기발한 맥점을 찾아라

먼저 5도 흑1의 먹여침이 상대를 깜짝 놀라게 만드는 멋진 맥점입니다. 당장 흑이 a로 따내면 단수가 되므로 백은 우선 2로 따낼 수밖에 없습니다. 여기서 6도 흑이 1로 패를 하는 것은 안타까운 실수입니다. 그냥 백을 잡아야 정상입니다.

7도 흑1로 둔 다음 백2를 기다려 흑3으로 가만히 들어가는 것이 좋은 수순입니다. 그러면 이 수상전은 흑의 1수 승이죠. 만약 8도 흑1에 백2로 이어도 흑3이면 당장 백은 단수에 몰립니다.

흑이 어려워 보였던 수상전이었지만 먹여침이라는 기발한 맥점이 있었던 곳입니다. 이렇듯 바둑에서는 처음 눈에 잘 들어오지 않는 기발한 맥점이 곳곳에 숨어 있습니다. 이를 찾는 것이 바둑의 묘미이기도 합니다.

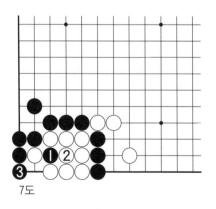

7도

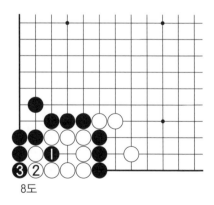

8도

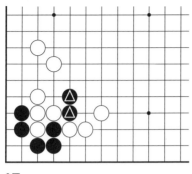

9도

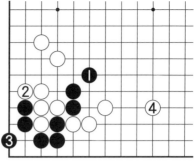

10도

●한방에 해결하는 멋진 맥점

9도 흑▲ 두점이 중앙에 들떠 있습니다. 흑은 이 돌들이 공격당하면 피곤해지고 그렇다고 두점을 버리자니 백의 중앙이 두터워집니다.

10도 단순한 흑1의 탈출은 백2로 막아 선수한 다음 4로 하변을 벌립니다. 그러면 흑은 아직도 곤마 신세지만 백은 양쪽이 활발한 모습입니다.

11도 흑1쪽으로 탈출을 시도해도 마찬가지입니다. 백2를 선수한 다음 5까지 되면 흑은 아직도 피곤한 형태입니다. 역시 백이 활발한 모습입니다.

좌변 쪽을 잘 살펴보면 흑은 한방에 모든 걸 해결하는 멋진 맥점이 있는데요. 그게 바로 12도 흑1의 '코붙임'입니다. 이 수로 백 넉점은 탈출할 길이 없습니다. 백2로 나와도 흑3으로 따라 붙으면 갈 길이 멈춥니다. 눈에 쉽게 보이지는 않지만 찾기만 하면 이보다 더 기분이 좋을 수는 없습니다.

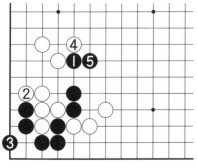

11도

12도

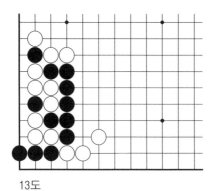

13도

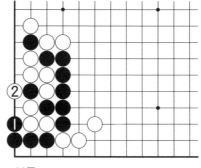

14도

●1선의 맥점

바둑에서 맥점은 예상하지 못한 자리에서 나타나곤 합니다. 보통은 신경도 안 쓰던 곳인데도 주위 상황에 따라 맥점이 통한다는 것이죠.

13도 귀의 흑 석점이 잡혀 있는 모습입니다. 백의 단점을 이용해 맥점을 터뜨린다면 귀의 석점을 구출할 수 있는데요.

14도 단순한 흑1의 단수는 백2로 따내면 그만입니다. 계속해서 15도 흑 1의 단수로 몰아도 백2로 이으면 흑은 다음이 없습니다. 이제 더 이상 백을 압박하는 수가 없죠? 그럼 흑은 꼼짝없이 잡힌 모습이 되었습니다.

여기서 흑은 기발한 맥점이 있습니다. 16도 흑1로 가만히 빠지는 수가 1선의 묘수입니다. 이 수로 백은 양자충이 되어 흑 두점을 잡을 수 없습니다. a와 b가 양자충이라 백은 흑 두점을 단수칠 수 없는 거죠. 그러므로 흑은 1선의 맥점으로 백 석점을 잡고 살아날 수 있는 것입니다.

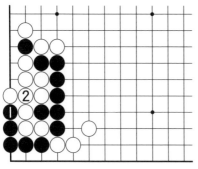

15도

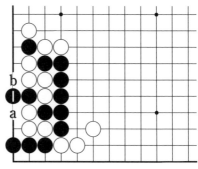

16도

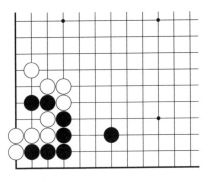

17도

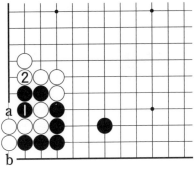

18도

● 1선에 붙이는 맥점

서로 공배를 공유하는 수상전에서 자칫 잘못하면 자충에 몰릴 수 있습니다. 지금 17도 갇혀 있는 흑 두점과 귀의 백이 수상전을 벌이고 있습니다. 여기서 흑은 단순한 수로는 백을 잡기 어려운데요.

가령 18도 흑1로 수를 메워가는 것은 백2로 막아 흑은 다음수가 없습니다. 흑은 a의 자리가 자충이 되므로 백의 수를 이쪽에서는 더 이상 메워갈 수 없는 것이죠. 그렇다고 b의 자리도 들어갈 수 없습니다. 귀의 특성상 b의 곳은 호구와 마찬가지입니다. 자충이라는 얘기죠.

19도 흑1로 바깥부터 수를 줄여가는 것이 더 나은 방법이지만, 백2로 붙이는 수가 좋아 흑5까지 패가 됩니다. 역시 흑의 불만입니다.

여기서는 20도 흑1로 1선에 붙이는 것이 맥점입니다. 백2면 이제 흑3으로 천천히 수를 메워가면 됩니다.

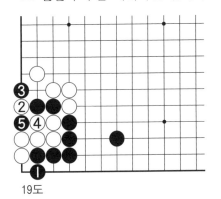

19도

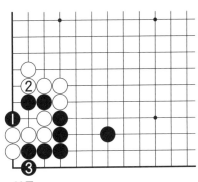

20도

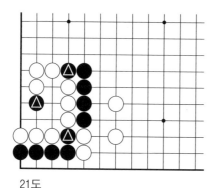

21도

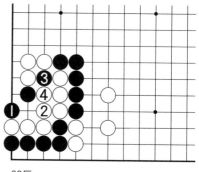

22도

● 단점을 끊는 맥점

21도 좌변의 백은 흑▲의 돌이 놓여 좋은 모양이 아닙니다. 백의 단점을 흑은 당장 응징할 수 있는데요. 이런 모양을 실전에서 접하면 천천히 어떤 수가 있는지 살펴봐야 합니다.

22도 흑1로 1선의 붙임이 맥점 같아 보이지만 백2로 잇는 순간 물거품이 됩니다. 이제 와서 흑3으로 먹여쳐도 백이 4로 따내면 그만입니다. 그럼 이전에 배운 먹여치기를 활용한다고 23도 흑1로 두어도 지금은 백2로 따내면 그만입니다.

지금은 24도 흑1의 끊음이 맥점입니다. 그러면 백은 2로 이을 수밖에 없고 이 상태로 백 석점은 잡혔습니다. 다음 백이 a면 넘어가는 것처럼 보이지만, 흑b면 환격으로 백을 잡을 수 있습니다.

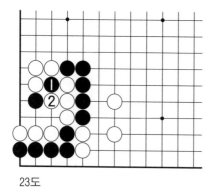

23도

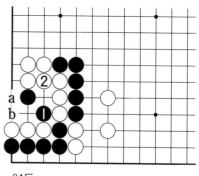

24도

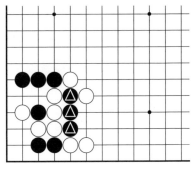

25도

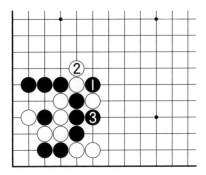

26도

● 맥점 한방으로 위기 탈출

25도 당장 흑▲ 석점은 단수로 몰리기 직전입니다. 그런데 귀에도 흑 두점이 갇혀 있어 흑은 사면초가입니다. 26도 흑1, 3의 선택은 지금 중심이 어디에 있는지 확인하지 못한 성급한 방법입니다.

27도 먼저 백을 공격하는 것은 바른 방향이지만 흑1의 단수는 잘못입니다. 백2로 잇는 순간 이쪽 백의 수는 확 늘어납니다. 그러면 당장 급해진 흑은 3, 5로 석점을 탈출해야 합니다. 이때 백6으로 흑 두점을 잡으면 흑은 한 게 별로 없습니다.

그러므로 흑은 더 확실한 수를 구상해야 하는데요. 28도 흑1의 단수가 멋진 맥점입니다. 백2로 따내면 계속해서 흑3으로 백을 몰아갈 수 있습니다. 이렇게 맥점 한방이면 흑은 위급한 처지에서 순식간에 백을 잡으며 모든 걸 해결할 수 있습니다.

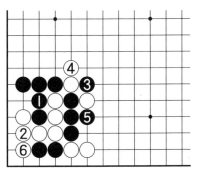

27도

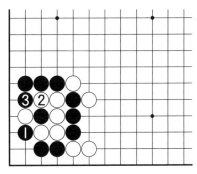

28도

▨ 위기에 처한 흑을 구출해 보세요

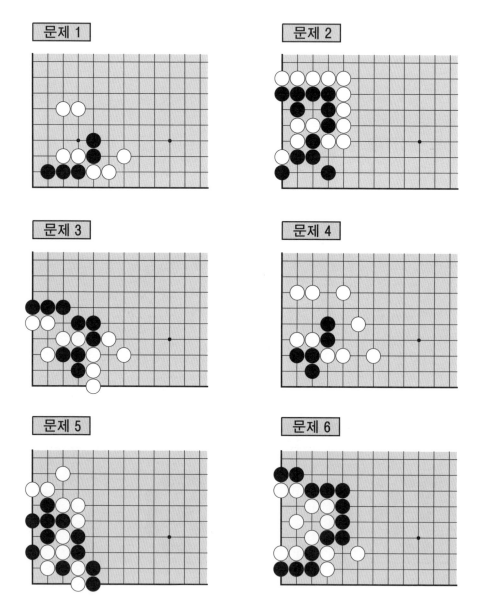

문제 1

문제 2

문제 3

문제 4

문제 5

문제 6

☞ Tip 백을 잡는 맥점을 찾아보세요.

해답 1

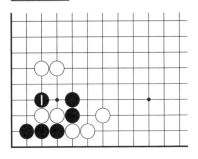

해답 2

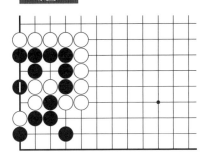

해답 3

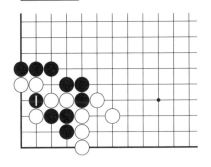

해답 4

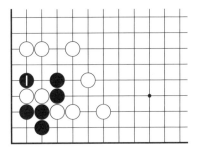

해답 5

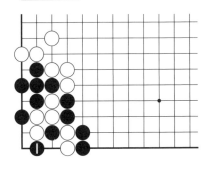

해답 6

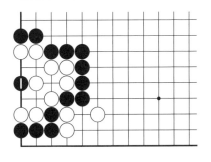

쉬어가는 Tip

▨ 바둑 수업

☞ 一年而野(일년이야): 바둑을 모르던 사람이 배우기 시작하여 1년이나 2년 후에 좀 강해지면 남에게 자랑하고 싶은 시절.

☞ 二年而從(이년이종): 그리하여 계속 바둑을 배우는 동안에 차츰 자기보다 강한 상대를 만나 두다 보면 스스로 자기의 미숙을 깨닫게 되고 따라서 얌전해지는 시절.

☞ 三年而通(삼년이통): 그러고 나서 자기의 미숙을 깨닫고 더욱 분발하여 공부하는 사이에 정석이나 포석 또는 끝내기 등의 전반적인 기법을 알게 되는 시절.

☞ 四年而物(사년이물): '삼년이통'을 거쳐 면학을 계속하다 보면 자기 스스로 자제하여 둘 수 있게 되는 시절.

☞ 五年而來(오년이래): 이것 저것을 대충 알게 되면 현재 자기가 습득한 기량만으로는 흡족치 못하여 무엇인가 자기만의 수를 두고 싶어하는 시절.

☞ 六年而鬼入(육년이귀입): 여기까지 오면 바둑에서는 고급의 단계이다. 그래서 이때부터 자기만의 독특한 기풍이 이루어져 타의 추종을 불허하는 바가 되는 시절.

☞ 七年而天成(칠년이천성): '육년이귀입'의 상태에서 더욱 자중하여 연구하면 저절로 정연한 바둑을 둘 수 있게 되는 시절.

☞ 八年而不知死不知生(팔년이부지사부지생): 이때부터 바둑은 단순히 바둑뿐이 아니고 그 안에서 삶의 철학과 인생을 깨달을 경지에 이르니 내적인 완숙을 이루는 시절.

☞ 九年而大妙(구년이대묘): 더욱 수업에 정진하여 바둑과 인생의 삶과 죽음을 터득하는 단계까지 오르면 반상에 전개된 흑백의 바둑돌을 얼핏 보아도 급소를 알 수 있게 되니 입신(入神)의 경지에 오르는 시절.

4장

왕초보
행마

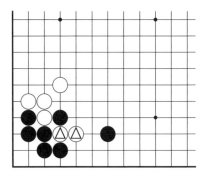

1도

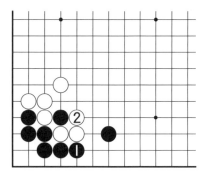

2도

●효과적인 돌의 움직임

바둑 한 판은 초반 포석을 시작으로 중반전을 거쳐 종반의 끝내기를 마지막으로 종국하는데요. '행마(行馬)'라는 건 초반, 중반, 종반 어디에서나 등장하는 돌의 움직임입니다. 지금부터 가장 기본적인 왕초보 행마를 익힐 겁니다. 그리고 〈3권〉에서 기초 행마법을 좀 더 자세하게 배울 예정입니다.

그럼 1도부터 출발해 봅니다. 백△ 두점에 흑은 어떤 움직임으로 대응해야 할까요? 2도 흑1로 넘어가는 것은 백2로 흑 한점이 잡히며 백 두점까지 살아가 흑이 불만입니다. 어딘지 흑의 행마가 나약해 보입니다.

3도 흑1로 막는 것이 효과적인 돌의 움직임입니다. 이 한수로 백 두점은 잡힌 모습입니다. 4도 백2로 반발해도 흑3이면 백은 다음수가 없습니다.

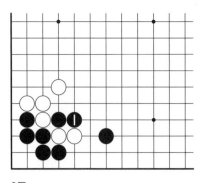

3도

4도

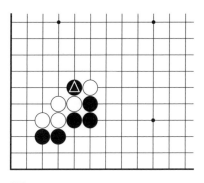

5도

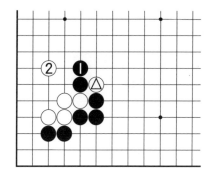

6도

● 상대의 단점을 막는 행마

5도 흑▲ 한점을 잘 움직이면 큰 소득을 얻을 수 있는데요. 6도 흑1로 뻗는 것이 일견 그럴듯해 보입니다. 그러나 백이 2로 안정해 버리면 흑의 불만입니다. 흑은 1로 활로를 늘려 한 템포 쉬면서 왼쪽 백 넉점과 오른쪽 백△ 한점을 공략하려는 판단이지만 지금은 더 강하게 백을 압박해가는 수순이 있습니다.

지금은 7도 흑1로 우직하게 백 넉점의 활로를 막아가는 것이 더 효과적인 공격 방법입니다. 그러면 8도 백1로 저항할 수밖에 없는데요. 이때 흑2의 단수 한방이 너무 기분 좋습니다. 그리고 흑4로 재차 공격해가면 백은 정말 괴롭습니다. 이 백은 거의 잡힌 거나 다름없습니다. 7도 흑1은 백의 빈삼각 모양의 단점을 추궁하며 공격한 멋진 행마입니다.

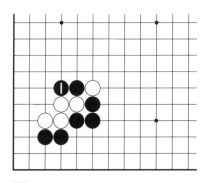

7도

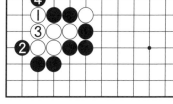

8도

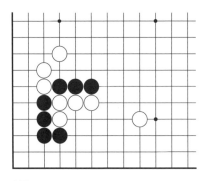

9도

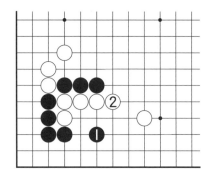

10도

● 상대의 진로를 젖혀 막는다

우리는 지금 막는 행마에 대해 학습하고 있습니다. 상대 돌의 진로를 어떻게 막는 게 효과적인지 좀 더 알아보겠습니다.

9도 중앙의 흑이 아직 미생입니다. 자칫 잘못하면 정처 없이 떠돌다가 나중에 공격당해 판을 그르칠 수도 있는데요. 반대로 여기서 좋은 행마를 하면 유리하게 판을 이끌어갈 수 있습니다.

10도 단순하게 흑1로 뛰는 것은 실리로 보면 아주 훌륭한 한 수입니다. 하지만 지금은 백2로 지키면 중앙 흑이 약해집니다. 이건 흑의 불만입니다.

11도 흑1로 젖혀 백 넉점을 막아가는 게 올바른 수순입니다. 백의 활로를 메우며 공격하는 것이죠. 계속해서 12도 백1로 달아나면 흑2, 4로 몰아가면서 흑이 아주 유리한 결과를 얻을 수 있습니다.

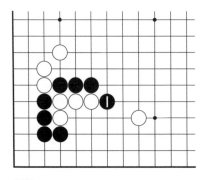

11도

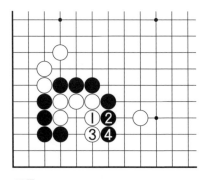

12도

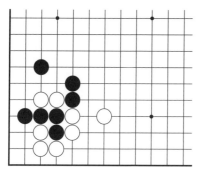

13도

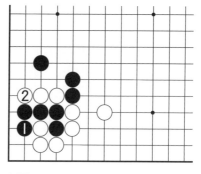

14도

●올바른 탈출 방법

내 돌이 위험에 처할 때 올바른 탈출 방법은 아주 중요합니다. 이때 무작정 도망가지 말고 주위환경을 잘 살피며 행마해야 합니다. 자기의 돌과 연결하거나 상대의 돌을 잡을 수 있다면 더욱 좋을 것입니다.

13도 여기서 흑의 다음 행마는 어떻게 움직이는 게 가장 효율적이며 안전한 수순일까요? 14도 흑1은 끝내기 욕심이 과한 수입니다. 귀의 끝내기로는 큰 수이지만 지금은 백2로 막아 오히려 흑이 위험합니다.

계속해서 15도 흑1로 수를 늘려보지만 백2, 4로 흑이 잡혔습니다. 흑의 망한 모습을 보고 있는데요. 그러므로 흑은 안전하고 올바른 탈출 방법을 시도해야 합니다. 16도 흑1이 자기의 돌과 연결을 꾀하는 올바른 행마입니다. 그러고 보니 백 두점까지 확실하게 잡고 있죠?

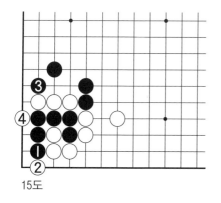

15도

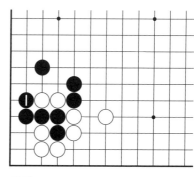

16도

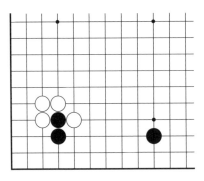

17도

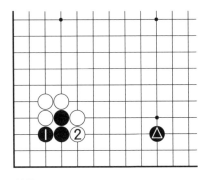

18도

●달아나는 방향

17도 귀의 흑 두점이 위험에 처해 있는데요. 다음 행마를 어떻게 하는 것이 가장 효과적인지 생각해보세요.

18도 귀쪽 흑1의 선택도 생각해볼 수 있습니다. 일단 귀의 실리를 차지해 흑이 사는 데도 큰 이상이 없어 보입니다. 하지만 하변에 뚝 떨어져 있는 흑● 한점이 차단되어 약해지는 것이 불만입니다.

그러므로 흑은 19도 흑1쪽으로 달아나는 게 올바른 방향입니다. 하변 실리도 챙기면서 흑 한점과 연결도 도모하는 아주 바람직한 행마입니다.

만약 수순 중 20도 백2로 반발해 오면 흑이 단호하게 대처하면 됩니다. 흑7까지 백이 곤란한 싸움입니다. 이건 백의 무리수이죠. 간혹 왕초보 분들은 자신의 단점을 내버려 둔 채 무지막지하게 덤비는데 그럼 안 되겠죠?

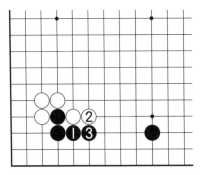

19도

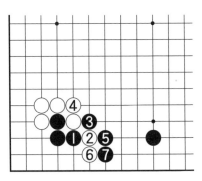

20도

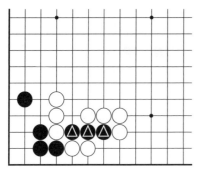

21도

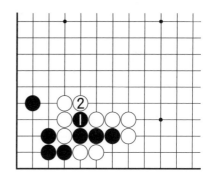

22도

● 상대의 약점을 파고들라

실전에서 어려운 접전이 있을 때 차분하게 수읽기하는 습관이 필요합니다. 사실 수읽기란 바둑의 모든 것이라고 해도 과언이 아닙니다. 특히 행마는 선택의 문제이므로 올바른 판단이 서야 좋은 행마를 할 수 있는 것이죠.

21도 흑● 석점이 갇혀 있는데요. 간혹 왕초보 분들은 이 석점이 잡혔다고 미리 포기하는 경우도 있습니다. 22도 흑1로 무작정 밖으로 나가려고 하는 수 때문에 그렇습니다. 보다시피 백2로 막으면 그야말로 흑이 자충이 되어 그냥 잡혀버립니다.

그러므로 흑은 상대의 약점을 파고들 수 있는 행마가 필요한데요. 23도 흑1이면 백△ 두점을 먼저 잡을 수 있습니다. 만약 이곳을 생략하고 24도 흑1로 마이웨이를 외치면 이건 백2로 흑 석점을 먼저 잡아 그만이죠.

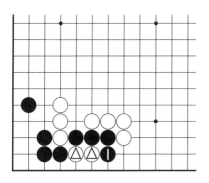

23도

24도

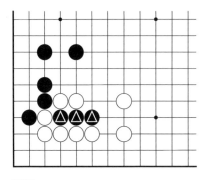

25도

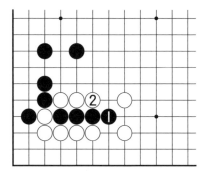

26도

●상대를 제압하며 달아나는 행마

25도 흑▲ 석점의 운명은 어떻게 될까요? 일반적으로 달아날 때는 활로를 늘리거나 상대의 약점을 먼저 파고들어야 한다는 걸 배웠는데요. 지금은 조금만 생각해보면 어떻게 움직일지를 판단할 수 있습니다.

26도 흑1이 활로를 최대한 늘리는 방법이지만, 지금은 백2의 수줄임으로 흑이 먼저 잡히는 모습입니다. 우리가 이전에 배운 장문으로 흑이 잡혔죠? 그러므로 흑1은 잘못된 행마입니다.

27도 흑1의 꼬부림이 올바른 행마입니다. 백 두점을 제압하며 달아나는 아주 좋은 방법이죠. 이 수에 백이 반발하면 28도에서 보는 바와 같이 흑5까지 백이 흑진 안에서 다 잡힙니다. 백 두점을 잡으며 흑 석점을 살리는 27도 흑1의 행마법을 기억하기 바랍니다.

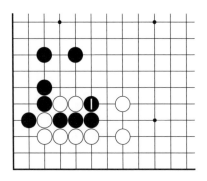

27도

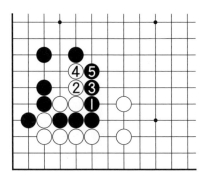

28도

■ 흑이 올바르게 막거나 달아나 보세요.

문제 1

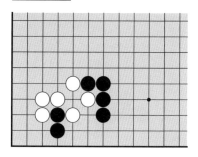

문제 2

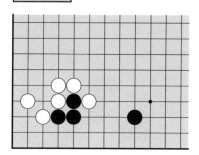

문제 3

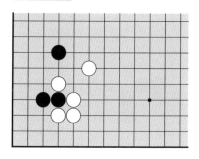

문제 4

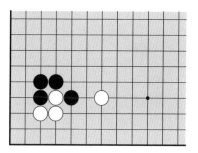

문제 5

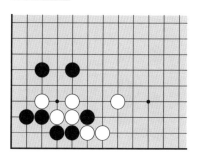

문제 6

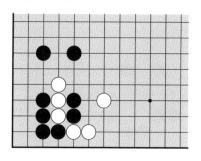

☞ Tip 연결을 하거나 차단을 시도해 보세요.

해답 1
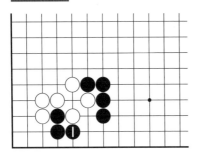

해답 2
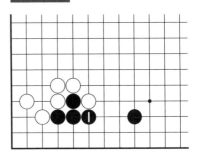

해답 3
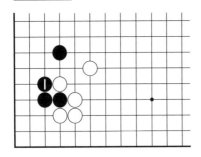

해답 4
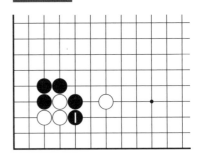

해답 5
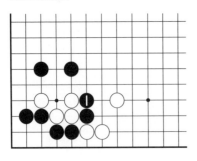

해답 6
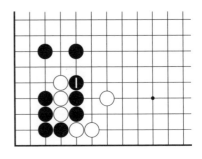

●이미 잡혀 있는 돌

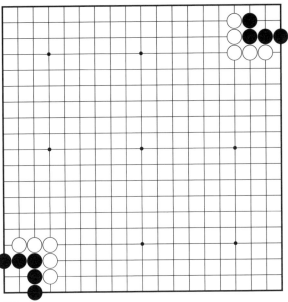

1도

바둑에서는 선수를 잡는 것이 아주 중요하다 말했습니다. 선수를 잡은 쪽에서 판을 리드할 수 있기 때문이죠.

그러므로 지금부터는 이미 잡혀 있는 돌에 가일수를 해서는 안 되겠죠? 선수라면 다른 큰 곳으로 방향을 틀어야 합니다.

1도의 두 모양은 모두 이 자체로 잡혀 있는 모습입니다. 이곳은 백이 손을 빼더라도 흑이 잡혀 있다는 뜻입니다. 2도 흑1로 살아보려 해도 백2로 치중하면 그만입니다.

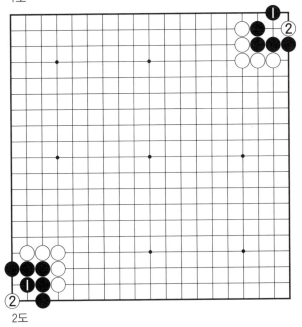

2도

●이미 살아 있는 돌

3도 좌하귀 백은 이미 분리된 두 집을 확보하고 있어 살아 있는 모습입니다. 서로 이 부근을 자꾸 건드릴수록 그만큼 손해가 됩니다. 그러므로 서로 이런 자리에서 빨리 손을 돌려야 하는데요.

4도 흑1은 지금 장면에서는 아주 작은 끝내기에 불과합니다. 이미 얘기했듯이 귀의 백은 완벽하게 살아 있는 모습입니다. 그래서 백은 여기서 손을 빼고 2로 큰 곳을 선택하면 판의 주도권을 잡을 수 있습니다.

반대로 5도 흑도 1로 먼저 큰 곳에 다가서고 백2를 기다려 흑3으로 폭을 넓히면 아주 멋진 그림을 그릴 수 있습니다. 지금 이 부근이 약간 어려울 수 있겠지만, 이미 살아 있는 돌에 자꾸 손대지 말고 발 빠르게 움직이라는 교훈입니다.

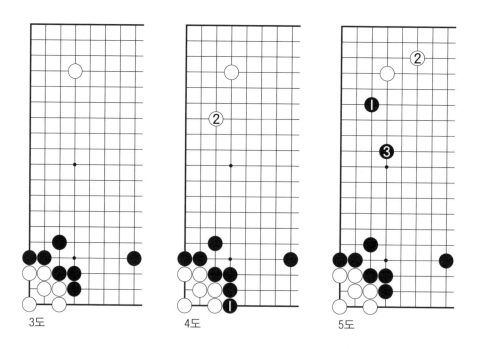

3도   4도   5도

● 잡혀 있는 모양에 손을 대면 손해

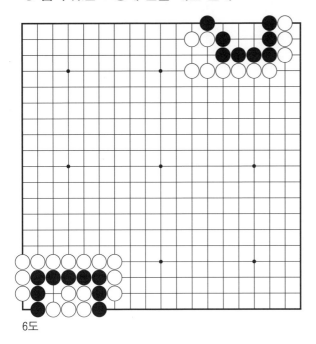

6도

6도의 두 모양은 모두 잡혀 있는 모습입니다. 이 자체로 흑이 잡혀 있 다는 뜻입니다.

그러므로 더 이상 백 은 여기에 손을 댈 필요 가 없습니다.

7도에서 흑1로 살아 보려고 해도 백2로 치 중하면 더 이상 흑은 살 수 있는 모습이 아닙니 다. 참고로 하변의 왼 쪽 모양을 흑이 따내면 우측 모양이 되는데 이 때 백은 2로 치중하면 됩니다.

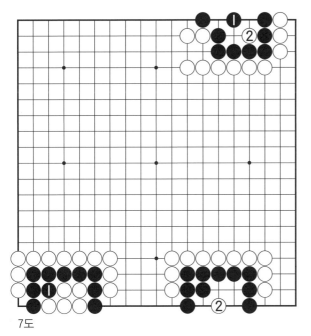

7도

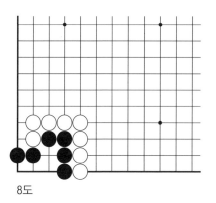

8도

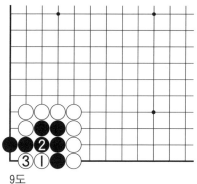

9도

●가일수해야 살릴 수 있는 돌

8도 귀의 흑은 살아 있을까요? 언뜻 보면 곡사궁으로 살아 있는 것 같습니다. 하지만 지금은 조금 모양이 다릅니다. 형태는 곡사궁 모양이지만 지금은 흑의 매듭에 단점이 있는 것이죠.

9도 백1로 단수가 되기 때문입니다. 완전한 곡사궁이라면 백1로 치중해도 흑3이면 두 집을 만들어 살 수 있지만, 지금은 백1에 흑 넉점이 단수가됩니다. 그래서 10도 흑은 1로 가일수해 살아야 합니다.

같은 곡사궁이라고 해도 11도는 흑이 살아 있는 모습입니다. 자세히 살펴보면 a 자리에 백돌이 없으므로 흑은 완전한 곡사궁이 되어 살아 있습니다. 이렇게 바깥 공배에 따라 사활이 달라질 수 있으니 주의해서 모양을 살펴보기 바랍니다.

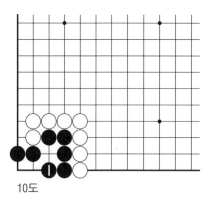

10도

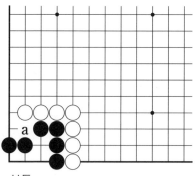

11도

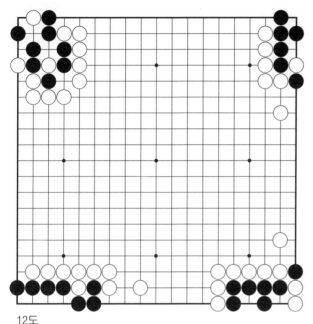

12도 네 귀에 자리 잡은 흑은 모두 잡혀 있는 모양입니다. 그러므로 백은 이곳에 더 이상 가일수할 필요가 없습니다.

13도 만약 흑1로 살자고 한다면 그때 백은 2(오른쪽은 △)로 가일수해 흑의 분리된 두 집을 방해합니다.

12도

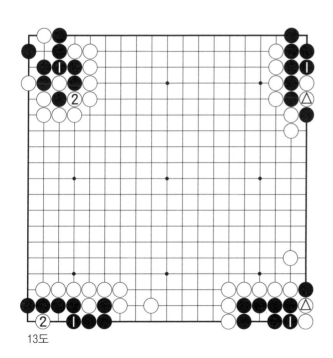

13도

●이미 살아 있는 돌

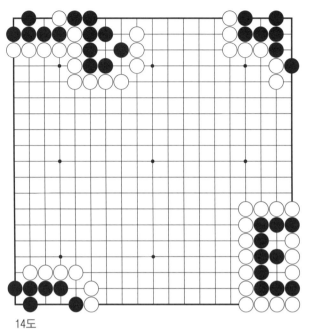

14도

다만 우하귀의 모양
은 '빅'으로 살아 있는
모습입니다.

14도에 있는 네 개의 흑
모양은 모두 살아 있습
니다. 눈으로 이미 살아
있는 모양을 익혀두는
것도 아주 좋은 방법입
니다. 가장 기본적인 삶
의 조건인 분리된 두 집
이 마련돼 있는 걸 확인
할 수 있죠?

15도에서 a와 b의 곳
이 분리된 두 집입니다.
이곳이 완벽한 집으로
확정되어 있으므로 백
은 더 이상 아무것도 할
수 없습니다.

우하귀의 a와 b는 서
로 들어갈 수 없는 자리
입니다.

15도

익힘 문제

■ 흑이 살아 있으면 ○표, 잡혀 있으면 ×표 하세요.

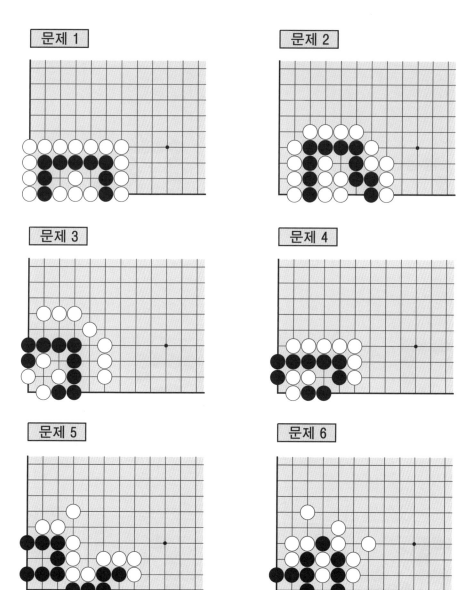

☞ Tip 분리된 두 집을 확인해 보세요.

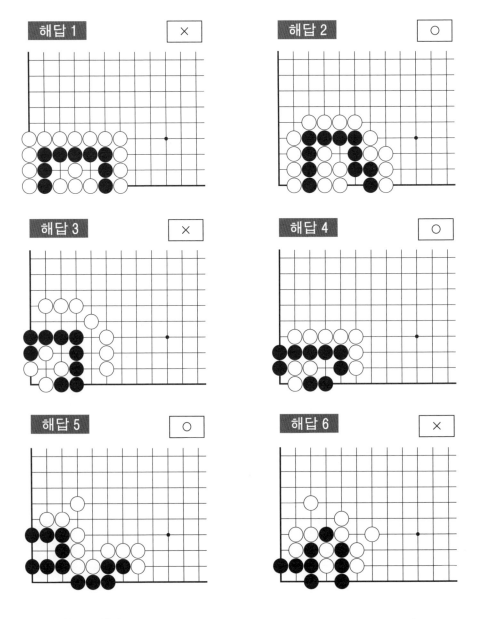

●강한 돌과 약한 돌의 개념

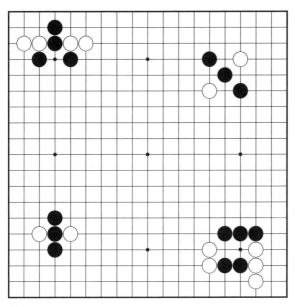

1도

실전에서 내 돌이 강하
면 안정적 운영이 가능
하고, 약하면 공격 대
상으로 위험에 처합니
다. 그러므로 내 돌을
강하게 하고, 상대 돌
을 약하게 만들어야 합
니다.

　그렇다면 강한 돌은
어떤 모양이고, 약한
돌은 어떤 경우에 나타
나는지 확인해 보겠습
니다.

　1도는 흑이 아주 강
한 돌의 예입니다. 2도
는 백이 강한 돌의 예
입니다.

　보다시피 이어지면
강해지고, 끊어지면 약
해진다는 개념을 익혀
두기 바랍니다.

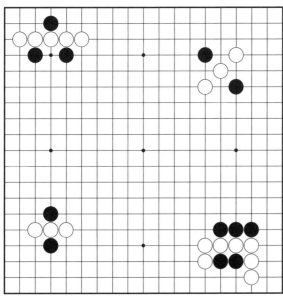

2도

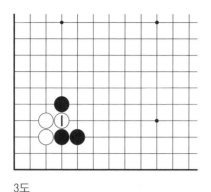

3도

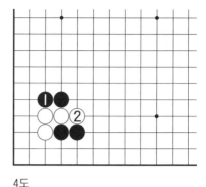

4도

● 상대가 끊자고 덤빌 때는 강하게 싸워라

3도 백1로 흑을 끊자고 나왔습니다. 백이 유리할 게 없는 싸움인데도 이렇게 강하게 부딪쳐 오는 경우도 종종 있습니다. 이럴 때 흑이 물러나면 여기서 단번에 바둑이 불리해질 수 있습니다.

4도 흑1이 바로 그런 예입니다. 상대가 강하게 흑을 끊자고 했는데, 흑은 엉뚱한 곳을 선택한 거나 다름없습니다. 그러면 백2로 뚫고 나와 흑의 양쪽이 너무 약해집니다. 반면 백돌은 아주 강하게 되었죠. 순식간에 벌어진 일입니다. 왕초보 바둑에서는 이런 어처구니없는 수순들이 많이 나옵니다.

5도 무조건 흑1로 막아 강하게 싸워야 합니다. 만약 6도 백1로 끊어 싸우자고 하면 이제는 흑2로 막아 전혀 불리하지 않습니다.

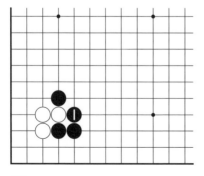

5도

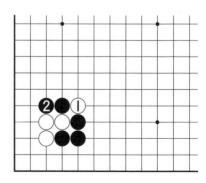

6도

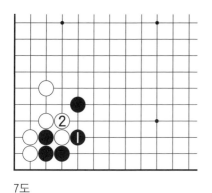

7도

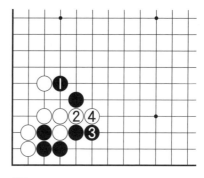

8도

●강한 돌을 만드는 꽉이음

7도 흑1로 단수치고 백2로 이은 장면입니다. 이때 흑의 다음 수가 중요한데요. 이때 자신을 돌보지 않고 상대를 먼저 압박해 가면 좋지 않습니다. 우선 자기의 돌을 강하게 만들어야 합니다.

8도 흑1로 백을 압박해가는 것이 실전에서 흔히 보는 왕초보 행마입니다. 흑1의 행마가 얼마나 잘못이냐면, 당장 백2로 나올 때 흑은 3으로 물러날 수밖에 없고 백4로 뚫려 흑이 와해된 모습입니다. 그래서 지금은 자신의 단점을 보완해서 강하게 만들 때입니다.

9도 흑1도 자기의 단점을 간접적으로 보강하는 수이지만 백2, 4로 나와 끊어지는 단점이 남아 불만입니다. 그러므로 10도 흑1의 '꽉이음'이 흑을 아주 강하게 만드는 좋은 행마입니다.

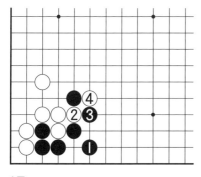

9도

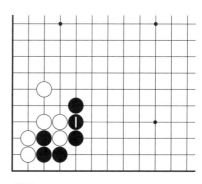

10도

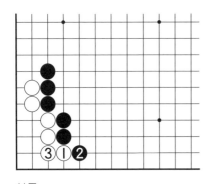

11도

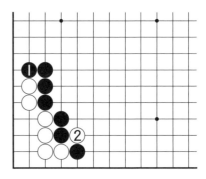

12도

●돌이 강해져야 확장력이 생긴다

11도 귀의 백 모양은 실전에서 자주 등장합니다. 백이 3三에 침입했을 때 나타날 수 있는 모양이죠. 이런 모양은 나중에 수준에 따라 단계적으로 공부하기로 하구요. 백의 마지막 수순인 1, 3으로 젖혀 이은 장면입니다. 이때 흑은 어떻게 자신의 돌을 보강하는 게 가장 효과적인지 알아보겠습니다.

12도 흑1로 막는 것은 잘못된 방향입니다. 당장 백2로 끊기면 흑 모양이 약해져서 결코 유리한 싸움을 할 수 없습니다.

그렇다고 13도 흑1로 꽉 잇는 것은 방향은 맞지만 생각이 조금 짧습니다. 한마디로 비효율적이란 거죠.

14도 지금은 흑1의 '호구이음'으로 보강하는 것이 가장 효과적입니다. 그러면 탄력이 생겨 흑 진영이 강해지고 더욱 확장할 수 있는 힘이 나옵니다.

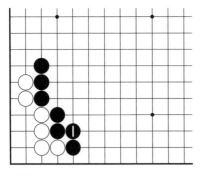

13도

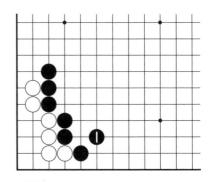

14도

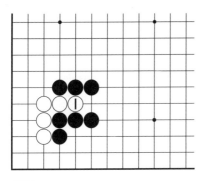

15도

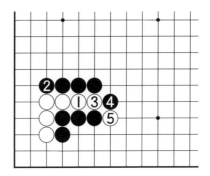

16도

●쌍립은 아주 강한 돌

15도 흑의 '쌍립' 자리를 끊자고 하는 백1은 아주 나쁜 수입니다. 백1은 정말 속수 중의 속수죠. 절대 이런 수를 생각해서는 안 됩니다.

그런데 16도 백1에 흑2로 다른 곳에 두는 분이 의외로 많습니다. 그러면 백3, 5로 나와 끊어 흑이 아주 불리한 싸움이 됩니다. 그 원인은 흑이 이곳에서 손을 뺀 데 있습니다.

17도 흑은 무조건 1로 꽉 이어놓고 봐야 합니다. 그리고 나서 흑 모양을 한번 보시죠. 전체가 이어져 아주 강합니다. 이런 곳을 놓쳐서는 안 됩니다,

16도 백5로 끊긴 이후의 진행을 잠깐 살펴보면, 18도 흑이 아래 넉점을 살리고자 7까지 고군분투하지만 아주 어려운 싸움입니다. 백8 다음 a의 단점도 눈에 들어오고 b로 막히는 부분도 신경 쓰입니다. 이 수순은 참고로 제시했지만 강한 돌도 끊기면 이런 현상이 생깁니다.

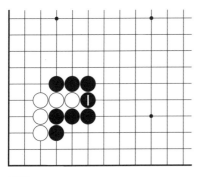

17도

18도

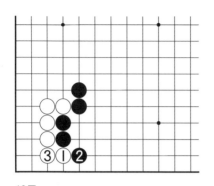

19도

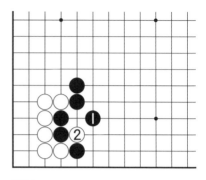

20도

●강한 돌을 만드는 호구이음

19도 백1, 3으로 젖혀이은 장면입니다. 흑은 모양이 허술해졌으므로 어딘가 이어야 할 것입니다. 그렇다면 흑은 어떻게 잇는 게 최선일까요?

20도 보통 흑1은 효율적인 호구이음이지만 방향이 틀렸습니다. 백2로 끊기는 단점이 남아 흑이 불만입니다. 21도 흑1의 꽉이음도 이 경우 좋지 않습니다. 백2의 활용도 당하며 흑의 모양이 뭉쳐 비효율적입니다.

여기는 22도 흑1의 호구이음이 아주 좋은 수입니다. 이제는 아주 탄력적인 강한 돌이 되었고 이래야 효율도 좋습니다. 백2의 반발이 걱정이라고요? 그러면 흑3, 5로 축이나 장문으로 백을 가볍게 잡을 수 있습니다. 지금까지 배운 기술을 이런 데 쓰면 되겠죠?

이런 부분 접전에서의 처리를 잘 이해한 후 나중에 전체적인 실전을 폭넓게 배워 가면 실력이 효과적으로 늘 것입니다.

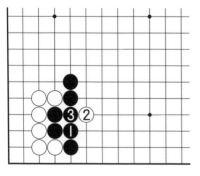

21도

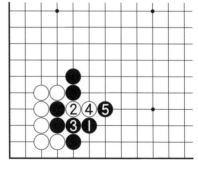

22도

▨ 흑과 백 가운데 어느 편이 강한지 표시해 보세요

문제 1

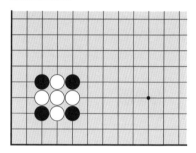

문제 2

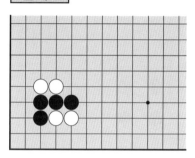

문제 3

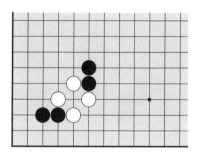

문제 4

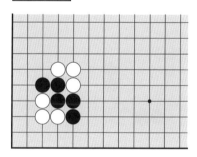

문제 5

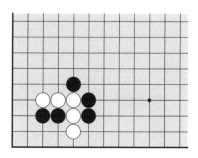

문제 6

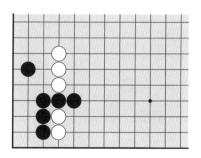

☞ **Tip** 이어지면 강하고 끊어지면 약합니다.

해답 1 　　백

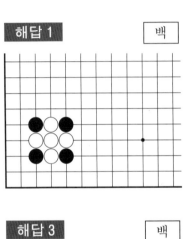

해답 2 　　흑

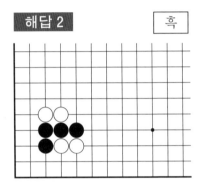

해답 3 　　백

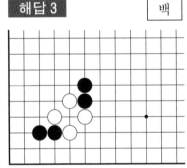

해답 4 　　흑

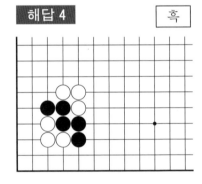

해답 5 　　백

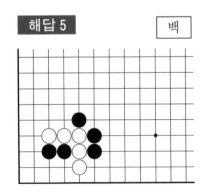

해답 6 　　흑

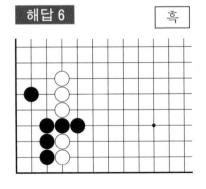

가장 기본적인 행마법

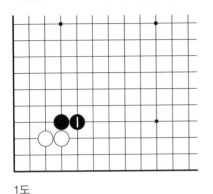

1도

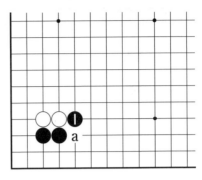

2도

● 늘고 젖히고 뛰는 행마

행마라는 것은 돌의 움직임이라고 했죠? 돌을 움직일 때는 한 줄로 나란히 두기만 해서는 비효율적입니다. 경우에 따라 늘기도 하고 젖히기도 하고 뛰기도 해야 합니다. 이번에는 가장 기본적인 행마법을 배워 보겠습니다.

1도의 흑1은 느는 수로 안전하고 두텁게 둘 때 주로 쓰입니다. 2도 흑1은 젖히는 수로 상대를 압박하는 기세가 좋습니다. 지금 이 장면에서 흑a로 늘면 나약합니다. 이렇게 젖혀야 하변 흑집도 더 키울 수 있습니다.

3도 흑1은 한칸 뛰는 행마이고, 4도 흑1은 두칸 뛰는 행마의 예입니다. 3도와 4도에서 보듯 행마는 한칸, 두칸으로 뛸 수도 있지만 폭넓게 두기 위해 세칸, 네칸으로 전개할 수도 있습니다.

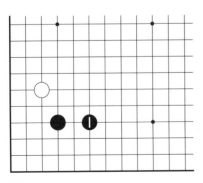

3도

4도

들여다보면 잇는 행마

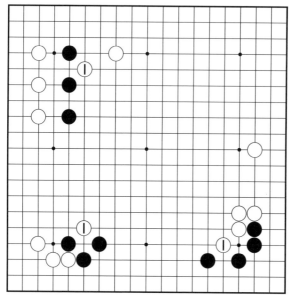

5도

5도에서 보여주는 그림은 흑과 백이 초반에 어우러져 판을 짜나가고 있는 장면을 모아보았습니다.

백1로 상대 돌을 끊자고 들여다보고 있군요. '들여다볼 때 잇지 않는 바보 없다'는 바둑 격언이 있습니다.

역시 격언대로 6도 지금은 흑1로 잇는 것이 가장 훌륭한 행마입니다. 그래야 안전하게 둘 수 있습니다. 꼭 기억해야 합니다. '들여다보면 이어라!'

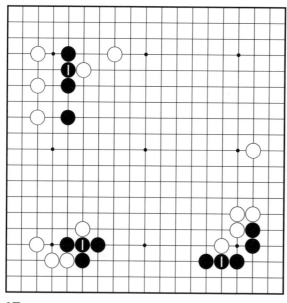

6도

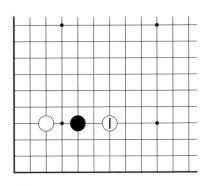

7도

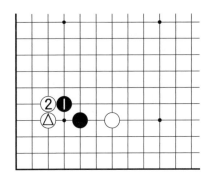

8도

●중앙으로 한칸 뛰는 행마

7도 백1로 흑 한점을 공격해온 장면인데요. 흑은 한점을 어떻게 움직여야 할까요? 왕초보 여러분은 이럴 때 당황하기 십상입니다. 지금부터 잘 익혀 두었다가 실전에 활용하기 바랍니다.

8도 흑1을 마늘모 행마라 하는데 지금은 좋지 않습니다. 백2로 막을 때 백△가 흑 모양의 호구 자리에 놓여 있어 그렇습니다. 그러면 흑 모양이 무겁다고 표현합니다.

9도 흑1도 비슷합니다. 백이 흑의 호구 자리를 차지하며 2로 밀어가는 자세가 좋아 흑이 불만입니다.

10도 흑1로 중앙을 향해 한칸 뛰는 게 지금은 가장 효율적인 행마입니다. '중앙으로 한칸 뜀에 악수 없다'는 바둑 격언도 기억하기 바랍니다.

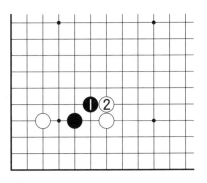

9도

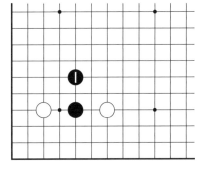

10도

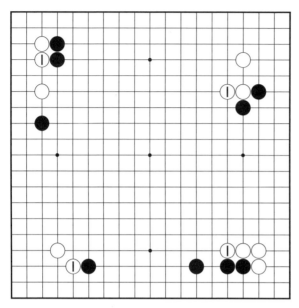

11도

행마에서 호구 자리는 아주 중요합니다. 실전에 자주 나오는 모양으로 알아보겠습니다.

11도 이런 모양은 실전에서 흔히 접할 수 있습니다. 백1로 둘 때 흑의 다음 수는 어디가 좋을까요?

막연히 생각하면 좀 어려울지 모르지만, 이럴 때 호구 자리를 떠올리기 바랍니다.

12도 흑1이 모두 호구 자리이며, 흑이 여기를 두면 탄탄해집니다. '호구 되는 곳은 급소'라는 격언도 있습니다. 이렇듯 호구 자리는 놓치지 말아야 하겠죠?

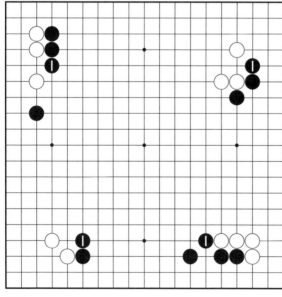

12도

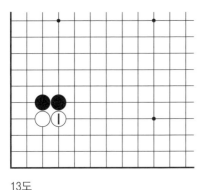

13도

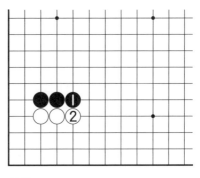

14도

●두점머리는 두드리고 보라

13도 백1로 밀어온 장면입니다. 이때 흑의 행마가 중요한데요. 14도 흑1로 느는 것은 나약한 수입니다. 백2로 받으면 귀의 백집이 짭짤해집니다.

15도 흑은 기세 좋게 1로 젖혀야 합니다. '두점머리는 두드리라'는 바둑 격언대로 지금은 무조건 상대의 두점머리를 두드리고 봐야 합니다. 그러면 백2로 받을 수밖에 없고 이때 재차 흑3으로 젖힙니다. 두 번 젖히므로 이런 모양을 '이단젖힘'이라고 하는데, 처음 두점머리를 두드릴 때부터 일관된 행마입니다. 그러니 두점머리를 두드릴 때는 꼭 이단젖힘까지 생각해보면 좋 겠지요. 그러고 보니 백은 모양이 사나운 반면 흑은 활기찬 모습입니다.

만약 16도 흑1에 백2로 끊어오면 흑3으로 빠져 과감히 둡니다. 이건 흑 이 절대적으로 유리한 전투가 예상됩니다.

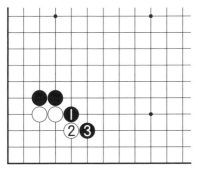

15도

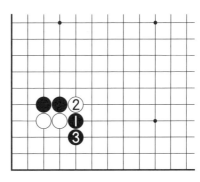

16도

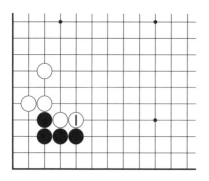

17도

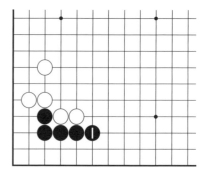

18도

●판을 리드하는 이단젖힘

앞에서 이단젖힘에 대해 잠깐 배웠습니다. 이단젖힘을 구사하는 행마는 활기차고 판을 리드해가는 느낌이 듭니다. 특히 왕초보 여러분은 이단젖힘만 잘 구사해도 바둑의 묘미를 만끽할 수 있지 않을까요?

17도 백1로 밀어온 장면입니다. 여기서 흑은 멋진 행마를 보여줄 수 있는데요. 18도 흑1로 느는 것은 나약합니다. 백의 엄포에 눌린 격이죠. 흑은 강력한 수단이 있습니다. 19도 흑1의 젖힘이 그것입니다. 이 한수로 흑은 활발한 모양입니다. 백2로 받으면 이 자체로 흑의 만족입니다.

만약 20도 백2로 젖혀온다면 이제 강력한 이단젖힘의 드라이브를 걸 때입니다. 흑3의 이단젖힘 말이죠. 흑5까지 되면 백은 제자리걸음이고, 흑은 하변이 불어날 태세입니다.

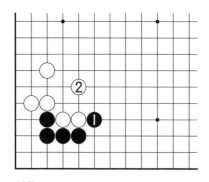

19도

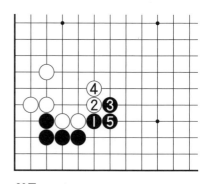

20도

▨ 백1 때 흑의 가장 알맞은 행마법을 찾아보세요

문제 1

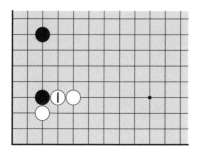

문제 2

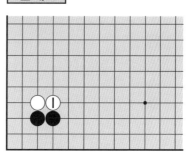

문제 3

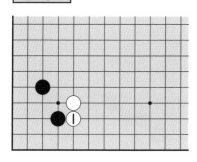

문제 4

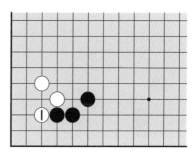

문제 5

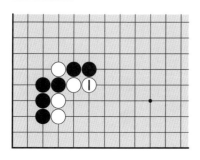

문제 6

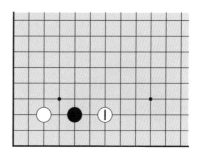

☞ Tip 늘고, 젖히고, 뛰는 행마를 생각해보세요.

해답 1

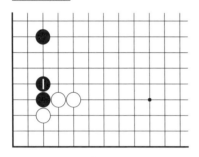

해답 2

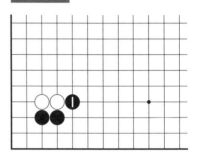

해답 3

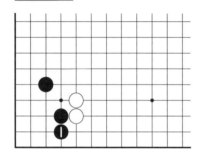

해답 4

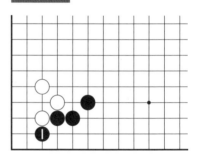

해답 5

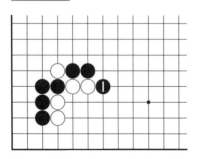

해답 6

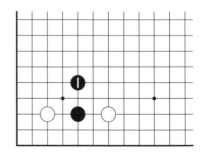

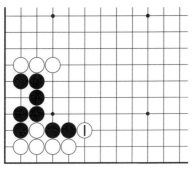

1도

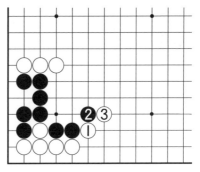

2도

🔵 이단젖힘으로 좋은 모양을 얻는다

바둑에서 접전이 벌어지면 행마 하나 하나가 아주 중요한데요, 행마에서 우선시해야 하는 것이 바로 모양입니다. 이때 좋은 모양으로 행마해야 판의 주도권을 잡을 수 있습니다.

1도 백1로 젖혀온 장면입니다. '두점머리는 두드리라'는 격언대로 아주 좋은 행마입니다. 여기서 흑의 대응이 중요하며 주의를 요합니다.

2도 흑2로 젖히는 것은 좋지 않습니다. 바로 백3의 이단젖힘을 당하기 때문입니다. 계속해서 3도 흑1로 단수쳐도 3으로 물러나야 하고, 백4로 마무리하면 백의 모양이 아주 좋습니다. 4도 흑1로 그냥 늘어도 백2, 4로 자세를 갖추면 역시 하변 백 모양이 아주 좋습니다.

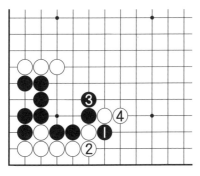

3도

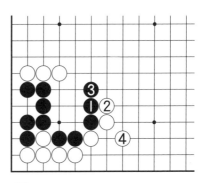

4도

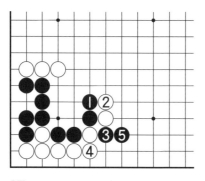

5도

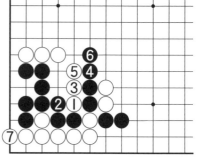

6도

● 한칸 뛰는 한 수로 좋은 모양을 얻는다

앞에서 이어 만약 5도 백2로 밀어올릴 때 흑3, 5로 반발하면 어떻게 될까요? 이건 흑의 무리수이므로 백은 응징할 수 있는 길을 찾아야 합니다.

먼저 6도 백1로 흑의 단점을 추궁합니다. 계속 백5까지 흑의 응수를 강요한 후 백7이면 끊어진 왼쪽 흑 일단이 모두 잡히는 결과가 됩니다.

그렇다고 7도 흑2로 물러나는 것은 백3으로 한번 더 밀어올리는 수를 당해 좋지 않습니다. 그러면 흑은 4를 또 두어 안정해야겠죠. 그런데 자꾸 여기를 두는 만큼 흑이 손해인 겁니다. 하변의 백만 활발해지고 있죠?

그래서 거슬러 올라가 1도 백1에 흑은 다른 응수를 생각해야 합니다. 흑이 젖히는 것은 지금까지 좋은 결과를 얻을 수 없었기 때문이죠.

8도 흑은 2로 한칸 뛰어 받는 것이 좋은 모양입니다. 이 한수로 흑의 대마는 틀이 잡혀 안정된 모습입니다.

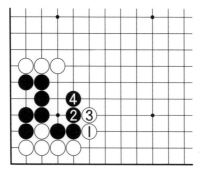

7도

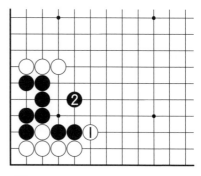

8도

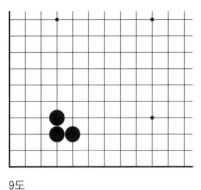

9도

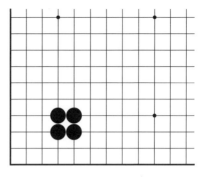

10도

●대표적인 나쁜 모양

행마를 하다 보면 돌이 뭉치는 경우가 가끔 생기는데요. 그러면 효율이 떨어져 바둑이 나빠집니다. 지금 제시한 9도, 10도, 11도, 12도는 모두 나쁜 모양의 대표 격입니다. 그러므로 바둑을 둘 때 가급적 이런 모양을 만들지 않도록 해야 합니다.

이런 나쁜 모양에는 잊지 말라고 별칭이 붙어 있습니다. 9도는 '빈삼각 모양', 10도는 '바보사각 모양', 11도는 '삿갓 모양', 12도는 '자동차 모양'이라 합니다. 모양을 상상해보면 왜 그런 명칭이 붙었는지 이해할 겁니다.

처음에 말했듯이 이런 모양의 공통점은 돌이 뭉쳐있다는 것이죠. 그러니 돌이 뭉치지 않도록 행마할 때는 한칸, 두칸이나 세칸 이상의 벌림 등 폭넓은 생각으로 상황에 따라 적절한 선택을 하면 좋을 것입니다.

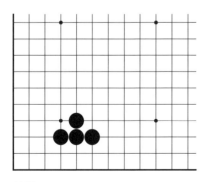

11도

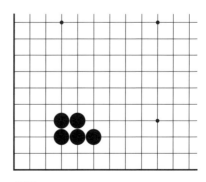

12도

● 돌의 효율을 좋게 하라

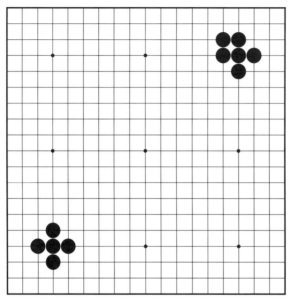

13도

13도의 좌하귀는 '십자 모양', 우상귀는 '매화꽃 모양'(사활에서는 매화육궁)이라고 합니다. 두 모양도 뭉쳐있느니 만큼 물론 나쁜 모양이죠.

14도 좌하귀 돌에서 흑▲ 두점을 떼 내어 하변과 좌변으로 벌려 놓으니 보기에도 시원합니다. 그런 만큼 모양이 좋습니다.

우상귀도 마찬가지로 흑■ 두점을 떼 내어 상변과 우변으로 벌리니 모양이 활기찹니다. 그런 만큼 돌의 효율도 좋은 것입니다.

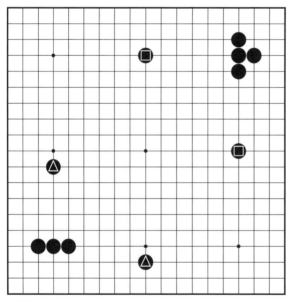

14도

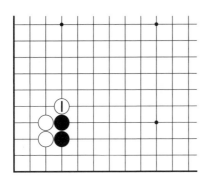

15도

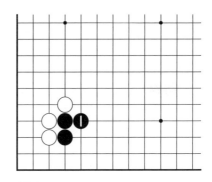

16도

● 좋은 행마는 좋은 모양을 갖추는 것이다

15도 백1의 두점머리 젖힘은 아주 좋은 곳입니다. 이때 흑의 응수가 중요한데요. 이에 따라 판 전체에 영향을 미칠 수도 있습니다.

가령 16도 흑1로 움츠러드는 것은 정말 나쁜 모양입니다. 이런 형태를 빈삼각이라고 배웠죠? 빈삼각은 우형(愚形)이라 가급적 이런 모양을 만들면 안 됩니다.

17도 흑1로 젖히는 수도 좋지 않습니다. 백2의 이단젖힘을 주기 때문이죠. 이단젖힘은 백이 두점머리를 두드릴 때부터 생각해 두었던 수순입니다. 그러니 흑이 이런 장단에 맞출 필요는 없습니다.

여기서는 18도 흑1의 한칸 뜀이 아주 좋은 행마이며 모양도 그럴 듯합니다. 이렇게 모양을 갖춰가는 게 좋은 행마이며 좋은 바둑입니다.

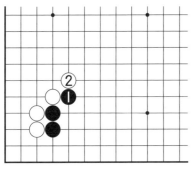

17도

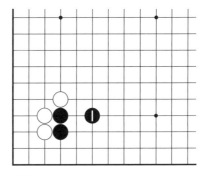

18도

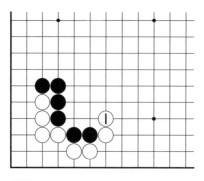

19도

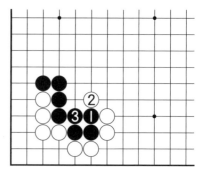

20도

🔴 왕초보가 경계해야 할 행마

19도 백1로 흑 두점을 잡자고 했습니다. 물론 더 좋은 자리가 많겠지만 지금은 이 두점을 살리는 데 집중해봅시다. 다음 흑의 행마가 중요합니다.

20도 흑1은 앞에서 몇 번 경고했듯이 정말 좋지 않은 수입니다. 빈삼각 아닌가요? 당장 백2의 단수 한방으로 흑 모양이 엉망이 되어버렸죠. 이건 두점을 버리는 것보다 못한 결과입니다. 행마에서 이런 발상은 왕초보 분들이 제일 경계해야 합니다. 빈삼각을 자청해서 만들어 단수까지 맞는 것은 바둑에서 최악의 상황입니다.

그렇다고 21도 흑1로 꽉 잇는 것은 고작 두점만 살리는 데 급급한 수입니다. 돌의 효율도 전혀 모르는 판단이기도 하고요.

22도 흑1의 한칸이 아주 좋은 모양이며 활기찬 수입니다. 이렇게 한칸 폴짝 뛰며 좋은 모양을 갖추는 행마에 익숙해져 봅시다.

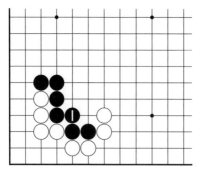

21도

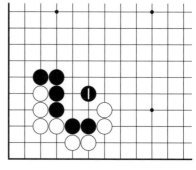

22도

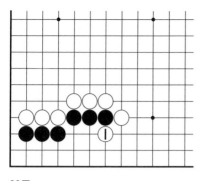

23도

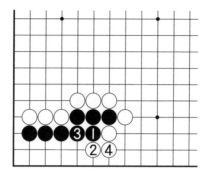

24도

●한칸 뛰어 보강하는 행마

이번에는 23도 백1의 젖힘이 강력합니다. 흑 석점을 노릴 뿐만 아니라 귀 전체에 대한 사활도 겨냥합니다. 따라서 흑은 여기서 응수를 잘해야 하는데 요. 지금까지 배워온 행마를 생각하며 가장 효율적인 수를 찾아야 합니다.

24도 흑1로 받는 것은 빈삼각이라 안 된다고 했습니다. 백2로 당장 단수 를 얻어맞으면 흑 모양은 순식간에 엉망이 됩니다.

다음으로 25도 흑1로 잇는 왕초보 분들이 많습니다. 당장 석점에만 눈이 가는 거죠. 흑 석점을 살리는 것은 분명하지만 효율 면에서 떨어지고 백2를 선수로 당해 역시 불만입니다.

앞에서 몇 번 배웠듯이 26도 흑1로 한칸 뛰어 보강하는 것이 아주 좋은 수입니다. 이렇게 뛰어두면 모양도 좋고 흑이 전체적으로 안정됩니다.

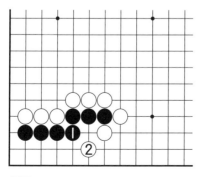

25도

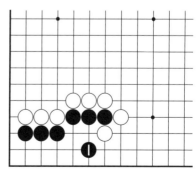

26도

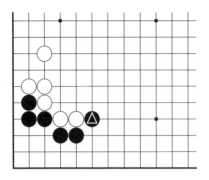

27도

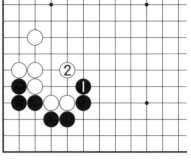

28도

● 상대의 급소 자리를 찾아라

행마를 잘하기 위해서는 좋은 모양과 나쁜 모양을 구별할 수 있어야 합니다. 앞에서 어느 정도 배운 나쁜 모양을 만들지 않으려 노력한다면 자연스럽게 좋은 모양을 만들어 갈 수 있다고 생각합니다.

당연한 말이지만 행마를 효과적으로 하려면 상대의 급소 자리를 찾는 힘을 길러야 합니다. 27도 흑이 ▲로 젖힌 장면입니다. 여기서 백이 손을 빼면 흑은 어떤 식으로 추궁해야 할까요?

28도 흑1과 백2의 교환은 백의 수비하는 자세가 좋아 흑이 약간 불만입니다. 29도 흑1은 성급한 단수입니다. 백2로 이은 다음 a의 단점이 눈에 들어옵니다. 30도 상대가 한칸 뛰어 수비했던 흑1이 급소입니다. 백2로 잇기를 기다린 다음 흑3이면 전체적으로 흑 모양이 활기찹니다.

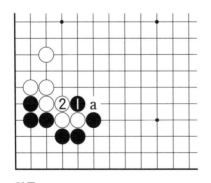

29도

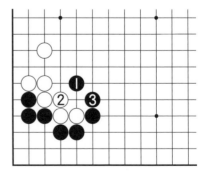

30도

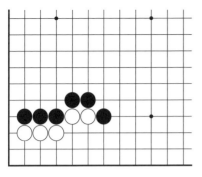

31도

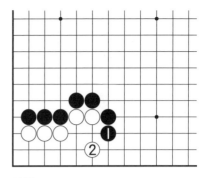

32도

●백 모양을 무너뜨리는 급소

31도 백 진영이 그럴듯하고 알토란같은 집도 있어 보입니다. 하지만 이곳에는 약점이 있어 백집이 완전치 않습니다. 그럼 백집을 무너뜨리는 급소는 어디일까요?

32도 흑1이 첫 번째 떠오르는 행마이지만 지금은 부족합니다. 앞에서도 보았듯이 백2로 한칸 뛰는 수비를 허용합니다.

33도 흑1의 직접적인 공격은 기세는 좋지만 뒤끝이 남습니다. 흑5로 가일수해야 하니 후수를 잡게 되죠. 사실 이 정도만 처리해도 기본은 되지만 흑은 더 좋은 수가 있습니다.

34도 흑1이 백 모양을 무너뜨리는 급소입니다. 백2로 이을 수밖에 없을 때 흑3으로 연결하면 백은 4로 가일수해야 합니다. 33도와 비교해 여기를 선수 처리한 것이 흑의 자랑이죠.

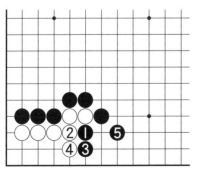

33도

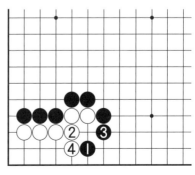

34도

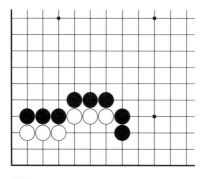

35도

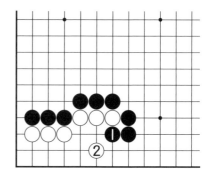

36도

●상대 진영을 일거에 파괴하는 급소

35도는 흑이 백 진영을 일거에 파괴해 귀의 사활까지 위협할 수 있습니다. 귀의 사활은 아직 어려우므로 지금은 백 진영의 급소만 찾아보기로 합니다.

36도 흑1이 흔한 압박수이지만 지금은 백2로 한칸 뛰는 좋은 모양이 있어 흑이 불만입니다.

37도 흑1로 무작정 끊는 것은 백2에 더 이상 수가 없습니다. 고작 흑3으로 돌려치는 정도이지만, 백4로 한점을 따내면 도로 흑의 단점만 남습니다.

38도 흑1이 석점을 노리며 백 전체의 근거를 줄이는 급소입니다. 백은 2로 받을 수밖에 없고 흑3이면 다시 a의 환격을 노리며 귀의 사활까지 엿봅니다. 여러분이 실전에서 이런 급소를 찾는다면 바둑의 진가와 묘미를 맛보지 않을까요?

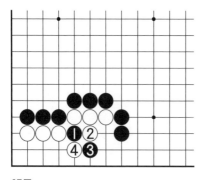

37도

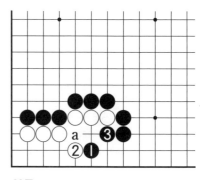

38도

익힘 문제

■ 흑과 백 가운데 어느 편이 나쁜 모양인지 표시하고(문제 1~4), 백을 압박하는 흑의 좋은 행마를 찾아보세요(문제 5~6).

문제 1

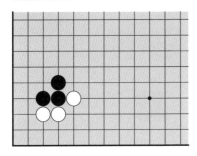

문제 2

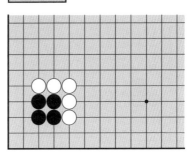

문제 3

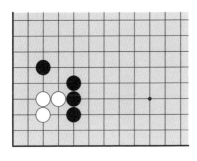

문제 4

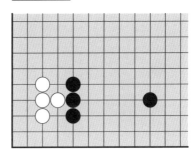

문제 5

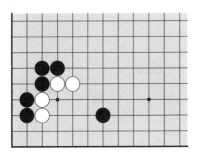

문제 6

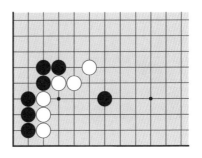

☞ **Tip** 돌이 뭉치면 나쁜 모양입니다. 상대의 급소를 찾아보세요.

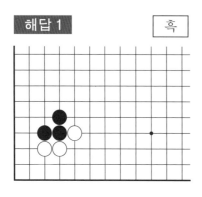

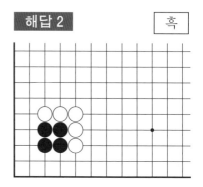

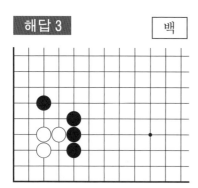

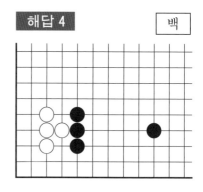

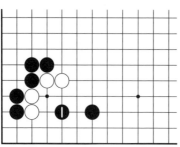

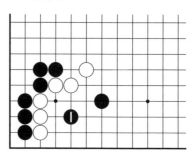

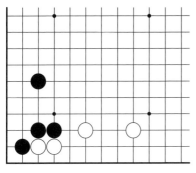

1도

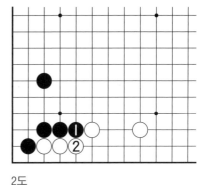

2도

●잡을 수 있는 돌은 잡아야 한다

왕초보 분들의 실전에는 너무 어처구니없는 수가 비일비재합니다. 판을 잘 운영하려면 잡을 수 있는 돌은 잡아야 하는데, 그 방법을 몰라서 그냥 살려 주는 경우가 너무 많습니다.

그 대표적인 사례가 1도의 모양입니다. 지금은 백 두점을 잡을 수 있는 형태인데도 왕초보 분들은 이런 것까지 눈에 바로 들어오지 않는 것 같습니다. 가령 2도 흑1과 백2를 교환해 백을 쉽게 연결시켜주고 마는 거죠. 3도 흑1과 백2를 교환하는 경우도 있고요.

이럴 때는 무조건 4도 흑1로 젖혀 백 두점을 잡아야 합니다. 백2로 끊어도 흑3이면 흑이 한 수 빠릅니다. 잡을 수 있는 돌은 이렇게 확실히 잡을 수 있어야 합니다.

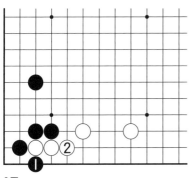

3도

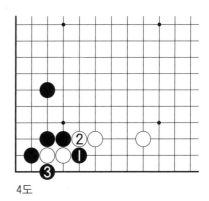

4도

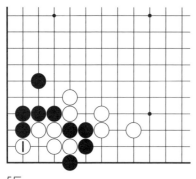

5도

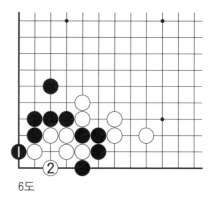

6도

● 선수로 수를 줄일 수 있다면 선수하라

5도 흑과 백이 수상전을 하고 있습니다. 백1로 공배의 수를 늘리려고 할 때 흑의 응수가 중요한데요. 특히 왕초보 분들은 본능적으로 6도 흑1로 받는 경우가 다반사입니다. 그러면 백2로 한 집을 만들어 흑이 승리하기가 어렵습니다.

7도 계속해서 흑1로 수를 줄이면 백2로 받습니다. 다음 흑은 a로 집어넣어 패를 할 수밖에 없습니다. 그냥 잡을 수 있었는데 패가 되면 안 되겠죠?

처음으로 돌아와, 8도 우선 흑은 1의 단수가 필수입니다. 이처럼 선수로 수를 줄일 수 있다면 먼저 선수해야 합니다. 백2로 이을 때 흑3으로 계속 수를 메워가면 이 수상전은 흑이 한 수 빠르게 됩니다. 패가 발생한 7도와 달리 그냥 백을 잡는 거죠.

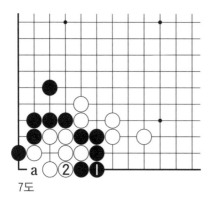

7도

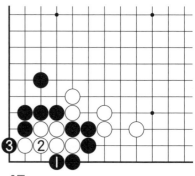

8도

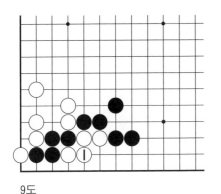

9도

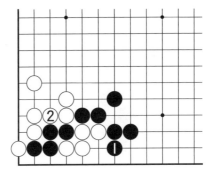

10도

● 동등한 수상전에서 수를 늦추지 마라

9도 귀의 수상전에서 백이 1로 이어 수를 늘리려고 한 장면입니다. 이때 공배를 세어보면 서로 3개입니다. 그러므로 선수를 잡은 흑은 여유롭지 않습니다. 가령 10도 흑1로 수를 메워가는 것은 한가로운 발상입니다. 백2로 가볍게 수를 줄이면 흑이 한 수 부족이니까요. 그렇다고 11도 흑1로 급박하게 덤비는 것은 백2로 잡혀 안 됩니다.

12도 흑1의 젖힘이 일단 수를 줄이는 맥점입니다. 그러나 흑3의 이음이 잘못입니다. 지금 수상전에서 12도 흑1을 제외하고 나머지 흑이 보여준 수들은 모두 나쁜 수입니다.

곧 배우겠지만 이런 형태는 3수 이상 늘어나지 않는 '변삼수'라는 기술로 해결할 수 있습니다.

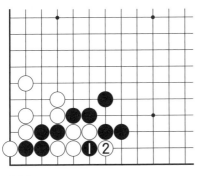

11도

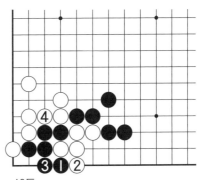

12도

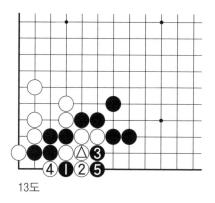

13도

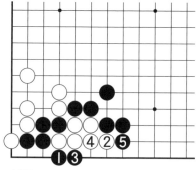

14도

●'변삼수'의 수순

13도 백△ 로 잇고 난 후의 모양을 잘 익혀야 합니다. 이때 백은 3수 이상 늘어나지 않는다는 걸 꼭 기억하기 바랍니다. 이런 모양을 변삼수라고 하는데, 변에서 이런 모양은 3수 이상 늘어나지 않는다는 뜻입니다.

13도 흑은 바로 1로 젖히는 게 백의 수를 압박하는 아주 좋은 수라고 했습니다. 백2 때가 하이라이트인데요. 이때 흑3으로 계속 백을 몰아가는 게 호착입니다. 이것으로 백이 모두 잡혔습니다.

만약 14도 흑1에 백2로 반발할 때는 흑3으로 먼저 단수치는 게 수순입니다. 그리고 흑5면 역시 백이 잡힙니다.

그런데 15도 백1에 덜컥 흑2로 받으면 이건 사고가 납니다. 백3 다음 계속해서 16도 흑4까지 결국 패가 되니까요.

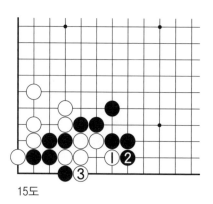

15도

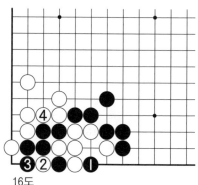

16도

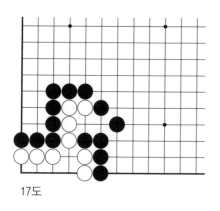

17도

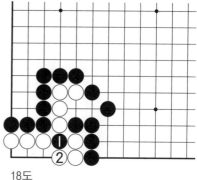

18도

● 옥집을 이용한 사활에서의 요령

17도 귀의 백이 사활에 걸려 있는 모습입니다. 흑이 수순을 잘 밟으면 완벽하게 백을 잡을 수 있는데요. 마지막까지 긴장의 끈을 놓쳐서는 안 됩니다.

18도 일단 흑1의 먹여침이 아주 좋은 수입니다. 하지만 이것 하나로 끝나는 게 아닙니다. 계속해서 흑의 다음수가 중요한데요.

만약 19도 흑1로 백 넉점을 단수로 몰면 아주 나쁜 수입니다. 그러면 백은 이곳을 잇지 않고 2로 살아버립니다. 위의 백 넉점은 버리겠다는 뜻이죠. 다음 흑이 a로 넉점을 따내더라도 백이 되따내면 되니까요.

그러므로 20도 흑은 1로 치중해서 백 전체를 잡는 게 좋은 수입니다. 여기서 중요한 것은 a 자리는 옥집이란 겁니다. 굳이 이곳을 단수로 몰지 않아도 흑1로 치중해 놓으면 백 전체는 자동으로 잡혀 있는 것이죠.

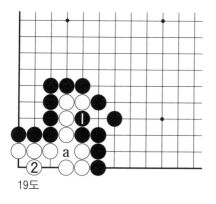

19도

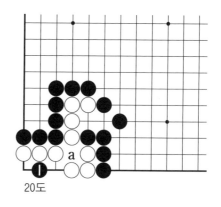

20도

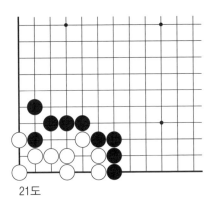

21도

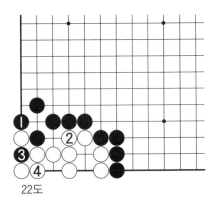

22도

● 먹여침에 좋은 수가 많다

한 판의 바둑에서 좋은 수만 둘 수는 없습니다. 하지만 결정적인 장면에서 엉뚱한 수를 두어 바둑을 망치면 안 되겠죠? 21도 귀의 사활에서 지금까지 배워온 왕초보 기술만 활용해도 이 백을 잡을 수 있는데요.

이때 22도 흑1로 작은 것에 연연하면 안 됩니다. 백2로 단점을 지키면 백은 완전한 삶이죠. 흑3으로 따내도 백4로 이으면 백은 분리된 두 집을 확보합니다. 23도 흑1의 단수도 마찬가지로 아주 나쁜 수입니다. 백을 거저 살려주는 수이죠.

24도 흑1의 먹여침이 좋은 수입니다. 그러면 백2로 따내야 하고 이때 흑3이면 백은 순식간에 한 집이라고 생각했던 자리가 옥집이 되어 잡히고 맙니다. 먹여침이 좋을 때가 많다는 걸 다시 한 번 확인하는 자리입니다.

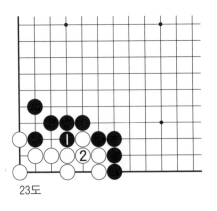

23도

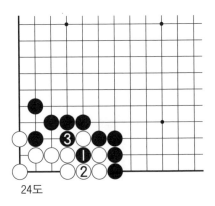

24도

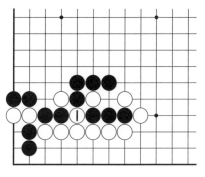

25도

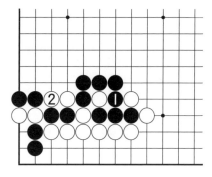

26도

🟤 요석과 폐석을 구별하라 1

25도 백1로 흑이 양단수로 몰린 장면입니다. 이런 곳은 흑이 미리 가일수해 방비하는 게 좋지만 할 수 없었다면 지금이라도 최선의 수를 찾아야 합니다. 26도 두점과 석점의 차이라고 단순 계산해 흑1로 석점을 이으면 나쁜 선택입니다. 백2로 흑 두점을 따내면 석점 잡힌 것 이상으로 흑의 손실이 큽니다.

27도 백이 흑 두점을 따낸 장면을 보여주고 있습니다. 흑 두점을 잡았을 뿐 아니라 지금 남아 있는 흑⚫ 넉점도 거의 폐석이 되어 흑이 망한 모습입니다. 흑 두점은 요석(중요한 돌)이었던 것이죠.

그러므로 28도 흑은 1로 두점을 잇는 게 정수입니다. 비록 백2로 석점이 잡혔지만 전체적으로 보면 흑의 자세가 훌륭해 이것이 올바른 판단입니다.

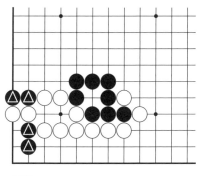

27도

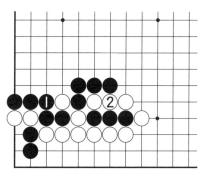

28도

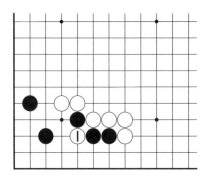

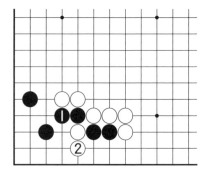

29도   30도

●요석과 폐석을 구별하라 2

29도 백1로 단수쳤을 때 흑은 어떻게 응수해야 할까요? 왕초보 바둑에서 자주 볼 수 있는 장면인데요. 단수를 당하면 무조건 그 돌을 살린다는 것입니다. 하지만 경우에 따라 단수된 돌을 버려야 할 때가 있습니다.

30도 흑1로 한점을 살리는 것은 백2로 빠져 더 큰 손실을 당합니다. 소탐대실의 대표적인 경우이며 흑이 좋지 않은 판단을 한 결과입니다.

31도 흑은 1로 한점을 버리며 아래쪽에서 단수를 쳐 3으로 넘어가는 게 좋은 수순입니다.

32도 흑1에 백2로 나오는 것은 흑3으로 재차 단수하며 흑이 선수로 넘어갈 수 있습니다. 이처럼 실전에서 단수로 몰렸을 때 그 돌이 요석인지 또는 폐석인지 구분할 수 있는 힘을 기르기 바랍니다.

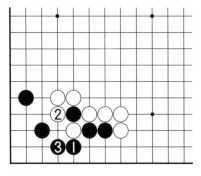

31도   32도

익힘 문제

▨ 백1 때 흑의 최선은 어디가 좋은지 응수해보세요

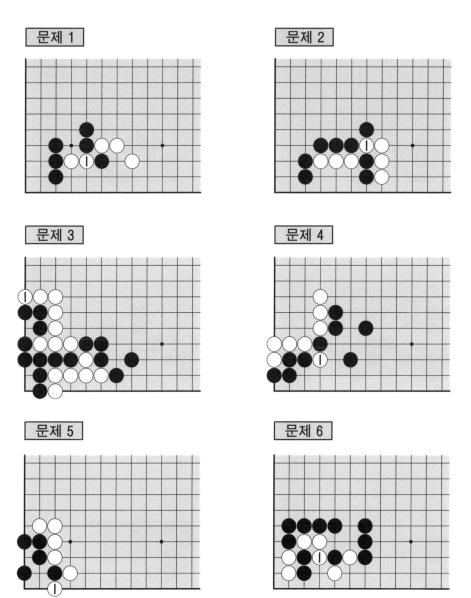

문제 1

문제 2

문제 3

문제 4

문제 5

문제 6

익힘 문제 해답

☞ **Tip** 수상전의 요령과 맥점을 생각해보세요.

해답 1

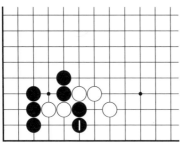

해답 2

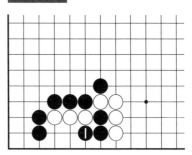

해답 3

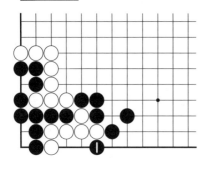

해답 4

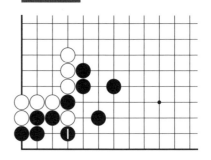

해답 5

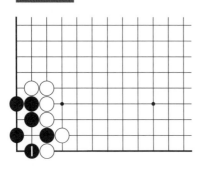

해답 6

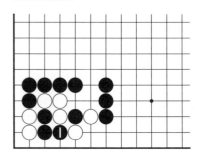

바둑 일류의 심오하고 창조적인 판세 읽기

진격의 중반전
352쪽 | 목진석 감수 · 이하림 편저
바둑의 드라마틱한 중반전에 프로 일류는 어떻게 판세를 읽어가는가? 프로 고수의 실전보에서 재료를 발췌해 중반의 긴 과정을 따라가면서, 형세판단을 곁들여 나타날 수 있는 다양한 장면들을 보여준다.

이기는 바둑 시리즈

01 기본 정석으로 강자가 되어라
272쪽 | 목진석 감수 · 백재욱 지음
귀의 화점과 소목에서 기본적이고 중요한 변화를 익힌다면 정석을 거의 마스터했다고 봐도 좋다. 그러므로 바둑에 강해지려면 화점과 소목의 기본정석을 마스터하라!

02 기본 포석으로 승자가 되어라
280쪽 | 목진석 감수 · 백재욱 지음
최근의 포석은 처음부터 공간 전체를 활용하는 발상이 트렌드다. 그 과정에서 치열한 전투가 일어나기도 한다. 그럴수록 기본에 바탕을 둔 포석 감각을 익혀라. 그것이 안전하게 이기는 길이다.

03 기본 행마로 감각을 키워라
272쪽 | 목진석 감수 · 이하림 지음
바둑은 효율이다. 효율적인 바둑을 두려면 부분적인 모양에서의 행마의 길과 쓰임새, 전체적인 안목에서의 급소와 행마법을 익혀야 한다. 이런 행마의 감각을 키워 실전에서 적절히 구사해보자.

04 기본 전략으로 판을 지배하라
272쪽 | 목진석 감수 · 이하림 지음
정석은 주로 귀의 변화, 포석이 귀를 토대로 한 변의 변화가 핵심이라면, 전략은 중앙까지 염두에 둔 입체적 실전적 개념이다. 그야말로 야전(野戰)이다. 이제 야전의 세계로 들어가 보자.

05 기본 사활로 수읽기에 강해져라
272쪽 | 목진석 감수 · 이하림 지음
전체 판을 주도하려면 부분전투에 능해야 하고 그런 능력을 키우려면 수읽기에 강해져야 한다. 사활은 그 첩경이다.

06 기본 맥점으로 수보기에 강해져라
272쪽 | 목진석 감수 · 이하림 지음
바둑 한 판의 과정에는 다양한 맥이 숨어있다. 이런 맥을 찾는 학습으로 수를 빨리 보는 힘을 기르면 판의 급소를 읽으며 각종 전투에서 승리할 수 있다.

07 기본 변칙수로 위기를 돌파하라
272쪽 | 목진석 감수 · 이하림 지음
바둑은 정석대로만 두어서는 이길 수 없다. 그 과정에는 온갖 변칙적인 수법이 도사리고 있다. 이런 위기를 극복하고 살아남으려면 불의의 변칙수를 응징하고 때로는 상황에 맞는 정의의 변칙수를 구사해 어려운 판세를 돌파해야 한다.

08 기본 끝내기로 판을 뒤집어라
272쪽 | 목진석 감수 · 이하림 지음
바둑은 마라톤과 같아서 단번에 승부가 나지 않는다. 종반 역전의 짜릿함을 맛보려면 불리한 국면이라도 무모한 행동을 삼가며 때를 기다리는 인내심이 필요하다. 그런 절대 기회가 생겼을 때 끝내기의 묘미로 판을 뒤집어보자.

왕초보 바둑 배우기 시리즈

왕초보 바둑 배우기 1. 입문하기
240쪽 | 조창삼 지음
바둑을 처음 접하는 분들이 배워야 할 규칙과 기본 기술을 이해하기 편한 대화 형식으로 거침없이 풀었다. 1권을 마치면 누구랑 두어도 당당할 것이다

왕초보 바둑 배우기 2. 완성하기
240쪽 | 조창삼 지음
'입문하기 편'을 마친 분들이 배워야 할 부분 기술과 행마를 이해하기 편한 대화 형식으로 거침없이 풀었다. 2권을 마치면 부분 전투에 자신이 붙어 바둑의 묘미를 느낄 것이다.

왕초보 바둑 배우기 3. 대국하기
240쪽 | 조창삼 지음
'완성하기 편'을 마친 분들이 배워야 할 초반의 포석, 중반의 전투, 종반의 끝내기 등 바둑의 한 판 과정에서 필요한 핵심 기술을 초심자의 눈높이에서 보여준다.

AI 최강 바둑 시리즈

최강 입문

인공지능 바둑시대 원리를 알고 파헤쳐 단숨에 바둑 두기! 초급자도 생각의 틀을 잡는 필독 입문서!

01 **규칙편** 264쪽 | 이하림 지음 · 진동규 감수

02 **기술편** 264쪽 | 이하림 지음 · 진동규 감수

최강 정석

인공지능 바둑시대 정석에서 진화된 수법 총정리! 혁신적인 AI의 안목으로 고정관념을 깨라!

01 **화점 기본편** 320쪽 | 이하림 지음 · 김일환 감수

02 **화점 협공편** 276쪽 | 이하림 지음 · 김일환 감수

03 **소목 정석편** 304쪽 | 이하림 지음 · 김일환 감수

최강 포석

인공지능 바둑시대 포석에서 진화된 수법 총정리! 혁신적인 AI의 안목으로 고정관념을 깨라!

01 **화점 포석편** 320쪽 | 이하림 지음 · 김일환 감수

02 **소목 포석편** 320쪽 | 이하림 지음 · 김일환 감수

인공지능 바둑시대 국면을 주도하는 능률적 전투 요령! 혁신적인 AI의 안목으로 고정관념을 깨라!

최강 전투편 280쪽 | 이하림 지음 · 김일환 감수

매일 트이는 AI 바둑 핸드북 시리즈

바둑 입문

원리를 알고 파헤쳐 단숨에 바둑 두기!

01 **기본 규칙** 160쪽 | 이하림 지음

02 **초보 사활과 수상전** 160쪽 | 이하림 지음

03 **초보 기술과 끝내기** 160쪽 | 이하림 지음

04 **초보 행마와 운명** 160쪽 | 이하림 지음

화점 정석

AI시대 바둑을 파헤친다!

01 **3三침입 · 날일자 수비** 176쪽 | 이하림 지음

02 **한칸과 눈목자 수비 · 붙임 · 양걸침** 176쪽 | 이하림 지음